*Zeit ist das Bild der Ewigkeit*
*in Bewegung.*

Platon

SVEN FENNEMA · BJÖRN EENBOOM

# VERGESSENE PRACHT

## STUMME ZEUGEN DER VERGANGENHEIT – LOST PLACES IN EUROPA

FREDERKING & THALER

AMANTIBVS OMNIA DVLCIA

# INHALT

*Schottland zeigte sich von seiner besten Seite. Wechselnde Wetterlagen mit starken Gewittern durchkreuzten meine Pläne. Ein Glück, so kam ich an dieser unbekannten Schlossruine vorbei.*

Sven Fennema

LEGENDÄRER KURORT ZQALTUBO in Georgien. In der Sowjetzeit entstanden zahlreiche imposante Sanatorien mit majestätischen Treppenhäusern. △△
SCHLOSSRUINE in traumhafter Naturkulisse im Süden Schottlands ▷

MAJESTÄTISCHES THEATER inmitten einer blühenden Altstadt in Italien. Es ist erfreulich zu sehen, dass man dieses Gebäude offenbar mit dem nötigen Respekt behandelt. ▽▽

WINTERGARTEN mit wunderschönen Fresken, versteckt in der Sackgasse einer Kleinstadt in der italienischen Region Emilia-Romana

# EUROPAS VERGESSENE PRACHT

Ich heiße Sie herzlich willkommen auf einer Reise durch Europa, wie Sie sie noch nicht erlebt haben. Ich führe Sie zu Orten aus einer vergessenen Zeit, die ich quer durch Europa und darüber hinaus aufgespürt habe, um sie fotografisch festzuhalten für die Ewigkeit. Die hier versammelten Bilder sind Teil eines fortwährenden Projektes, das 2019 seinen Anfang nahm.

Mit einigen Abstechern in die Tiefe der Vergangenheit zu Gebäuden, die schon lange von der Bildfläche verschwunden sind. Unzählbare Stunden der Recherche und Vorbereitungen liegen hinter mir, die nötig waren, um auf den Reisen in den einzelnen Ländern bleibende Erfahrungen zu sammeln. Diese Reisen sind erfüllt von Glück, aber auch Frustrationen und Momenten des Abenteuers.

Leider können unmöglich auch nur annähernd alle Länder Europas in nur einem Buch präsentiert werden. Es würde jeden Rahmen sprengen und am Ende keinem einzigen Land gerecht werden. Versammelt sind hier zwölf Länder, die unterschiedlicher nicht sein können. Geprägt von verschiedenen Epochen, Kulturen und natürlich vor allem von ihren Menschen. Einige Länder wie Italien, Belgien und Deutschland bereise ich immer wieder, andere Länder habe ich erstmalig für dieses Buch erkundet.

So unterschiedlich die Länder in ihrem Stil und den Besonderheiten in der Architektur auch sein mögen, sie alle vereint ein großer historischer und kultureller Reichtum. Die Lost Places finden sich überall im Land. Sie verstecken sich auf ganz unterschiedliche Weise. Mal sind es die Relikte der Industrialisierung, die das Land geprägt haben, mal sind es prunkvolle und herrschaftliche Andenken an ein goldenes Zeitalter.

## BAUWERKE MIT SEELE

Diese Bauwerke sind nicht wie heute profane Zweckbauten, sondern entsprangen einer Architektur mit Seele und Vision. Nur selten gleicht ein Bauwerk dem anderen. Fast schon menschlich erzählt jedes Gebäude eine Geschichte und trägt ganz eigene visuelle Merkmale. Das Ergebnis meiner Arbeit ist die Auseinandersetzung mit seiner Geschichte, der Architektur, aber natürlich und vor allem den erlebten Stimmungen des Lichtes.

Wir reisen in die Vergangenheit, lange vor den heutigen Herausforderungen des Klimawandels und den Fallstricken der Globalisierung. In früheren Zeiten lag der Fokus nicht auf praktischen Bauten. Die kunstvoll gestalteten Bauwerke sind Spiegel einer vergangenen Zeit, die es so wohl nicht mehr geben wird. Die Facetten und Schwerpunkte der Lost Places in Europa sind unendlich groß und von Land zu Land sehr verschieden. Von fast zersetzten Ruinen in fesselnder Landschaft über filigrane Stuckarbeiten und Fresken herrschaftlicher Gebäude oder

verwunschene Oasen bis hin zu den Denkmälern der Industrialisierung. Ein visuelles Fest der Sinne!

Es ist eine Zeitreise zurück zu einer vergessenen Pracht, die heutzutage keinen Platz mehr auf dieser Welt zu haben scheint. Diese Bauwerke haben es verdient, durch die Fotografie ein Denkmal zu erhalten, vor allem, wenn eine Restauration nicht mehr möglich ist. Wenn man die Gelegenheit hat, diese besonderen Lost Places zu betreten, vergisst man unmittelbar das Hier und Jetzt. Man bewegt sich in einem zeitlosen Raum fernab der Ablenkungen des Alltags.

Eine der prägendsten Erfahrungen neben dem visuellen Genuss und den beeindruckenden architektonischen Leistungen ist es, die erfüllende Stille in sich aufzunehmen. Man betritt Orte, in denen einst Menschen ihr Leben verbracht haben, womöglich auf eine Art und Weise, die uns heute deutlich sorgenfreier erscheint. Der Respekt gegenüber den Lost Places steht für mich an oberster Stelle. Ich möchte kein Eindringling sein, vielmehr ein unsichtbarer Gast, der behutsam diese Zeitkapseln betritt.

Mir wird manchmal die Frage gestellt, ob mich das Thema der Lost Places mit der Zeit nicht langweilt. Selbst nach 15 Jahren

GROSSE EMPFANGSHALLE einer Villa bei Turin, leider mittlerweile vom Vandalismus gezeichnet ◁
UNTERE ETAGE eines Schlosses in Tschechien

kann ich das ganz klar verneinen. Denn an diesen Orten entdecke ich noch immer völlig neue Sujets, neue Villen oder Treppenhäuser, die in keiner Weise mit anderen zu vergleichen sind. Es sind neue Strukturen oder von der Natur geschaffene neue Gebilde, die wie ein Gemälde wirken. Es ist auch der Fokus oder die Thematik, die sich mitunter ändert. So wird ständig ein kreativer Raum geschaffen für neue Recherchen und Inspiration. Gerade die Luftaufnahmen haben für mich völlig neue Perspektiven geschaffen. Orte, die früher nicht attraktiv erschienen, sind im Kontext ihrer Umgebung und der geografischen Lage auf einmal spannend. Die Vogelperspektive bietet eine gänzlich neue Sichtweise, die einem früher nicht zur Verfügung stand.

HERZSTÜCK des Sanatoriums Medea in Zqaltubo, Georgien
KILCHURN CASTLE am Ufer des Loch Awe, einer der schönsten Orte Schottlands ▽▽

Ich bereite meine Reisen stets wohlüberlegt und durchdacht vor. Viele Orte plane ich bewusst zu bestimmten Tages- und sogar Jahreszeiten, um besonders prägnante Motive möglichst im optimalen Licht einzufangen. Das ist nicht immer leicht zu erreichen. Denn das Wetter ist launisch und nur schwer vorherzusagen. Meine Fotografie ist schlussendlich abhängig vom Licht. Selbst mit der besten Technik und den teuersten Objektiven wird bei schlechten Lichtbedingungen selten ein perfektes Bild entstehen. Dafür bedarf es Zeit. So warte ich nicht selten mehrere Stunden, genieße die Stille und warte darauf, dass sich die Lichtsituation ändert.

Verlassene Orte entschleunigen mich. Sie helfen mir dabei, zu meinem Selbst zu finden. Ich fokussiere mich auf das Wesentliche und denke darüber nach, ob unsere Art zu leben wirklich glücklich macht. Wie viel von dem, was unsere moderne Welt bietet, aber auch einfordert, brauchen wir eigentlich? Mir fällt auf, wie wenig ich auf meinen Reisen das Bedürfnis habe, an diesem Treiben teilzunehmen. Das Smartphone bleibt meist aus. Selbst abends, wenn ich zur Ruhe komme, schwelge ich lieber in meinen Erinnerungen und träume von den Erlebnissen des Tages.

Ich möchte Sie herzlich einladen, mich auf diesen Reisen zu begleiten und mit mir zu träumen von der vergessenen Pracht.

Sven Fennema

# SCHOTTLAND

RUINE IM HERZEN SCHOTTLANDS nahe dem Tay Forest Park. Umgeben von herbstlichen Wäldern, seit Mitte des 19. Jahrhunderts verlassen

# HOCHGEFÜHL IN DEN HIGHLANDS

Rau und einsam und doch voller Schönheit und Liebe. Schottland erobert das Herz des Reisenden im Sturm. Das karge Land an der nördlichen Spitze Großbritanniens braucht keine prunkvollen Villen voller Fresken mit ihrer verspielten Architektur. Die einzigartige Natur, die fast alle Ruinen umgibt, weiß allein schon zu begeistern. Doch die stolzen Stätten alter Schlösser und Landgüter setzen dem Gesamtbild die Krone auf.

Das Wechselspiel der mannigfaltigen Farben, die üppige Vegetation mit ihrem Heidemoorland und der Dünenweide in den Küstenregionen, der sogenannte Machair, aber auch die raue Bergwelt und die tiefen Gewässer sind in ihrem Zusammenspiel beispiellos auf unserem Erdenrund. Selbst Ruinen, die oft nur aus Grundmauern bestehen, laden zum Staunen ein. Sie zeugen trotz ihres fortwährenden Verfalls von der einstigen Pracht und graben sich tief in die Fantasie des Betrachters ein. Gerade die einst imposante Architektur im Kontext der einzigartigen Landschaft erzeugen eine treffliche Symbiose aus Geschichte und Sehnsucht, die zum Träumen einlädt.

Das Reiseerlebnis wird umso intensiver, wenn der goldene Herbst Einzug hält. Auch wenn Schottland vornehmlich aus immergrünen Kiefern- und Fichtenwäldern besteht, kleiden die Laubfelder der Highlands die Szenerie in ein Meer aus bernsteinfarbenen, gelben und roten Farben. Darüber hinaus sorgt der Wechsel aus bergigen Landschaften, Seen und dem Meer für eine schier unglaubliche visuelle Vielfalt. Angefangen von den Lowlands im Süden gen Osten zu den Highlands bis zum nordöstlichen Punkt des Landes, wo die Natur immer karger und rauer wird, und wieder zurück an der westlichen Küste, vorbei an der Isle of Skye, die über eine Brücke mit Schottlands Nordwestküste verbunden ist.

## SCOTTISH BLACKFACE

Es muss ein unfassbar schönes Gefühl sein, ein Schaf in Schottland zu sein. Über weite Strecken dominieren zirka 6,7 Millionen Schafe auf knapp 15 000 Farmen die Landschaft und übertrumpfen damit tatsächlich die Einwohnerzahl ihrer menschlichen Halter, die es nur auf 5,4 Millionen bringen. Die am häufigsten vertretene Rasse ist das Scottish Blackface, das mit kahlem schwarzem Kopf und weißer Zeichnung als robust und genügsam gilt. Das Gehörn der Böcke entwickelt mit den Jahren die charakteristische schneckenförmige Gestalt.

Doch auch der Menschenschlag weist ein besonderes Naturell auf. Überall wird man mit einer aufrichtigen und authentischen Freundlichkeit und Hilfsbereitschaft empfangen. Die Menschen in Schottland sind meist geerdet und von einer beseelten

EINSAME TELEFONZELLE mitten im Nirgendwo zwischen den letzten beiden Dörfern einer weitestgehend unbesiedelten Landschaft

Gelassenheit umgeben. Ein jeder nimmt sich einen Moment Zeit fernab des gehetzten Alltags. Und das Gespräch ist schnell gefunden. Etwa mit einem kauzigen Förster, der sich von den Weberknechten in seinem Gesicht nicht beirren lässt und mit stoischer Gelassenheit den verschlungenen Weg zu einer entlegenen Schlossruine erklärt. Denn nur wenige Meilen hinter den belebten Regionen wie Fort William am Ufer des Loch Linnhe in den westlichen Highlands wartet das menschenleere Glück auf den Reisenden.

## WHISKY UNTER STERNEN

Um Schottland so nah und authentisch wie möglich zu erleben, empfiehlt es sich, statt in lauschigen Hotels, die Nächte direkt an den Landmarken und Schlossruinen zu verbringen. So ist man auf einzigartige Weise direkt mit dem Land und der Natur verbunden. Schon bald stellt man fest, dass die Schönheit in der absoluten Einfachheit ohne die heimischen Annehmlichkeiten zu finden ist. Den Abend mit einem guten Glas Single-Malt-Whisky in der Hand zu beschließen und in die Weiten des Sternenhimmels zu blicken, ist genauso erfüllend, wie den ersten Kaffee direkt an der Schlossruine mit dem ersten Tageslicht beginnen zu lassen.

So vergeht die Zeit besonders inspirierend, was sie umso durchdringender und wertvoller erscheinen lässt. Man wird eins mit dem Land. Ungefiltert erlebt man die einst prächtigen Bauwerke in der Natur in ihrer ganzen Pracht, was die Reise zu einem einzigartigen Erlebnis macht. Schottland zaubert seinem Besucher ein Lächeln ins Gesicht, und man ist voller Vorfreude, an diesen Ort irgendwann wieder zurückzukehren.

TELEPHONE
TELEPHONE

AUF DEM WEG VON STIRLING in Richtung Ostküste fand ich dieses einst fürstliche Anwesen. Selbst als Ruine strahlt das Schloss noch immer einen Glanz aus, geschmückt von seiner immergrünen Umwelt. Im Inneren hat die Natur schon lange die Herrschaft übernommen und sich neue Lebensräume erschlossen.

VERSTECKT MITTEN IM WALD liegt in einer traumhaften Einsamkeit die wohl um die 500 Jahre alte steinerne Brücke »Fairy Bridge«.
DAS CASTLE CAMPBELL oberhalb des Dollar Glen besticht durch seine phänomenale Lage. Beachtlich, dass im 15. Jahrhundert an dieser Stelle solch ein Bauwerk entstehen konnte. ▷

RUINE an der Westküste Schottlands, erreichbar nur zu Fuß bei Ebbe. Am Steinstrand nahe Fort William versprüht das gestrandete Fischerboot »Old Boat of Caol« einen Hauch idyllischer Einsamkeit.

AN DER OSTKÜSTE gehört die Ruine des Dunnottar Castle zu den aufregendsten Orten. Es wurde im 15. Jahrhundert auf einer Felszunge erbaut, was sie nahezu uneinnehmbar machte. ▽▽

KEISS CASTLE stellt den zweitnördlichsten Punkt meiner Reise dar. Auch wenn durch die Erosion von der Spornburg nicht mehr viel übrig ist, wirkt die Ruine aus dem 17. Jahrhundert immer noch gewaltig. Zunächst vom Nebel verschlungen, bot sich mir nach einiger Wartezeit dieser fantastische Anblick.

AUCH CASTLE SINCLAIR, der nördlichste Ort meiner Reise, war bei meiner Ankunft völlig im Nebel versunken. Die im 15. Jahrhundert erbaute Felsenburg in den schottischen Highlands bot eine packende Szenerie mit dem tosenden Wasser nahe am Abgrund.

*Noch nie hat ein Land mein Herz so schnell im Sturm erobert wie Schottland. Die Atmosphäre und Naturgewalten sind einzigartig auf der Welt.*

Sven Fenema

CASTLE STALKER liegt klein, aber gewaltig auf einer Insel. Manch einer erkennt die oberen Zinnen aus dem Monty-Python-Film »Die Ritter der Kokosnuss«.

DER GEBÄUDEKOMPLEX der ehemaligen Nervenheilanstalt in Denbigh, Wales, besitzt eine imposante Architektur mit vielen Nebengebäuden. ▽▽

# WALES

GUT VERSTECKT und überwuchert sind die Unterkünfte in einem stillgelegten Schiefersteinbruch im Nantlle Valley, im Norden Wales.

# LEUCHTTURM FÜR DIE EWIGKEIT

Das kleine Land ganz im Westen der Britischen Inseln braucht sich mit seinen gerade einmal rund 20 800 Quadratkilometern keineswegs zu verstecken. Wales, umgeben von der Keltischen und der Irischen See, besitzt nicht nur grandiose Küstenabschnitte, sondern wartet ebenso mit atemberaubenden Gebirgslandschaften und einer geschichtsträchtigen Kultur auf.

Die walisischen Nationalparks sind zu Recht ein sehr beliebtes Ausflugsziel, das sich vor allem für ausgedehnte Wanderungen eignet. Charakteristisch für das Land ist auch die walisische Sprache, die für viele Einheimische identitätsstiftend ist. Das Land der Kelten ist warmherzig und einladend zugleich, es vermittelt Reisenden sofort ein Gefühl von Geborgenheit.

Wales ist ein Land der Schlösser, das sich aber auch auszeichnet durch seine zahlreichen beeindruckenden Steinbrüche in den bergigen Regionen, von denen viele heute verlassen sind. Aber auch verwaiste alte Kirchen gehören zu den prägnanten Lost Places, die Wales zu einem unverwechselbaren Ort machen.

Wer sich gebührend von einer Lost-Places-Tour durch Wales verabschieden möchte, sucht in Südwales am nordwestlichen Ende der Gower-Halbinsel Whiteford Sands auf. Es handelt sich hierbei um einen abgelegenen und einsamen Strand, der nur mühsam zu Fuß zu erreichen ist. Vom Parkplatz des nächstgelegenen Ortes müssen noch gute sechs Kilometer durch eine unwegsame Marschlandschaft zurückgelegt werden, um am nördlichen Rand von Whiteford Sands, dem Whiteford Point, zu einem historischen Leuchtturm zu gelangen. Der 13 Meter hohe Leuchtturm wartet mit einer langen Geschichte auf. Die erste Erbauungsphase aus Holz geht auf das Jahr 1854 zurück, doch 1865 wurde der Leuchtturm mit einer Stahlkonstruktion versehen. Über einen stählernen Steg war der Leuchtturm mit Holzbohlen bei Ebbe und Flut zugänglich, was zu der damaligen Zeit einzigartig war in Südwales. Zudem war er eine wichtige nautische Hilfe, da es in den Untiefen des River Loughor zu zahlreichen Schiffsunglücken kam. Der Leuchtturm gilt heutzutage als der einzig verbliebene viktorianische Leuchtturm aus Gusseisen in Großbritannien. Das Licht erlosch bereits 1933, da die Schließung des Frachthafens in Llanelli am östlichen Ende der Bucht des River Loughor ihn überflüssig machte. Doch er ragt immer noch prachtvoll aus dem rauen Meer empor. Statt eines Leuchtfeuers zieren heute Vögel die eisernen Verstrebungen der Konstruktion.

## MEER AUS MUSCHELN

Um zu diesem einzigartigen Ort zu gelangen, müssen die Gezeiten beachtet werden, denn der Leuchtturm ist nur bei Niedrigwasser zu erreichen. Der lange Pfad dorthin besteht aus einem Meer aus Muscheln. Das Knacken und Knistern unter den Fuß-

sohlen bleibt dem Wanderer noch lange in der Erinnerung. Jeder Meter des langen, beschwerlichen Fußmarsches zahlt sich am Ende aus. Denn hierhin verirrt sich nur sehr selten eine Menschenseele. So wird einem das große Glück zuteil, dieses faszinierende Fleckchen Erde in völliger Abgeschiedenheit ganz für sich alleine zu genießen.

Der Leuchtturm wirkt vor allem bei Sonnenuntergang stimmungsvoll. Man hat das wunderschöne Gefühl, inmitten des Meeres zu stehen und an einem der Enden der Welt angelangt zu sein. Bei einem guten walisischen Bier erfährt man eine Prise Frieden und Freiheit. Doch schon bald kommt die Flut und binnen kurzer Zeit ist der Leuchtturm wieder vollständig von Wasser umgeben.

Am Horizont taucht hinter dem kolossalen Bauwerk die Sonne langsam ins Meer, bis sie vollständig verschwunden ist. Selig und zufrieden geht es zurück durch die Dämmerung, bis man die Dünen bei Dunkelheit erreicht hat. »Hwyl fawr« sagt der Waliser zum Abschied. Bis auf ein baldiges Wiedersehen.

AUF DEM WEG aus den Bergen von Nordwales in Richtung Küste in landschaftlich eindrucksvoller Lage entlang eines Flussbetts besuchte ich dieses alte Anwesen, das zuletzt als Hotel genutzt wurde. Leider zerstörte ein Feuer Teile des Hotels. So sind die einzigen Gäste die Ranken der Natur.

*Doch vom Glück und vom frohen Leben gibt es wenig zu sagen, bevor es ein Ende hat; so sind große und herrliche Werke ihr eigener Nachruhm, solange sie dauern und Augen sie sehen können, und erst wenn sie in Gefahr sind oder für immer zerbrochen, gehen sie in die Lieder ein.*

J.R.R. Tolkien

EIN FEUER zerstörte große Teile des Gebäudes. Dennoch blieb die Anmut erhalten. Im Tal zwischen Berglandschaften, nahe der Westküste, hatte das zuletzt als Hotel genutzte Anwesen eine perfekte Lage.

DER INNENRAUM der imposanten Baptistenkirche an der Küste von Südwales ist vollständig aus Holz gefertigt. Die liebevoll gestalteten Emporen erzählen von ihrer prachtvollen Zeit. Die große Orgel wurde jedoch in den letzten Jahren entfernt.

AM HANG EINES TALS fand ich kaum sichtbar von der Straße diese kleine Kirche in der Region des berühmten Snowdonia Nationalparks. Die wunderschön gestalteten Wände schufen eine ganz besondere Stimmung.

BLICK AUF EINE DER SCHÖNSTEN SCHIEFERMINEN in Wales. Man erkennt nicht nur die Komplexität mit ihren vielen Ebenen aus Unterkünften und Zweckbauten.
Im Hintergrund sieht man das alte Pumpwerk, das mit Dampf betrieben wurde. Noch heute sind die imposanten Kessel erhalten. In den 1970er-Jahren wurde der Steinbruch geschlossen und geflutet. Der 100 Meter tiefe See ist ein Geheimtipp für Taucher.

*Perfekte Momente sind kostbar und wesentlich wertvoller als materielle Dinge. Wir sollten diese Augenblicke suchen und genießen. Denn sie bleiben und spenden uns Kraft, Gelassenheit und Inspiration.*

Sven Fennema

GEGEN ABEND erreichte ich nach einem langen Marsch durch die Dünen den Leuchtturm von Whiteford Point. Der älteste gusseiserne Leuchtturm der Welt ist nur bei Ebbe zu erreichen. Kurz nachdem ich ihn in Augenschein genommen hatte, verschlang die nächste Flut wieder den Meeresgrund.

# EIN HAUCH VON MORDOR

## Dinorwic Steinbruch in Wales

Der Schiefersteinbruch von Dinorwic im Norden von Wales ist der zweitgrößte Steinbruch der Welt und ein verstecktes Juwel unter den Lost-Places-Reisen. Die rauen und imposanten Berge im Snowdonia Nationalpark sind ein Magnet für Wanderer und Kletterer. Der Steinbruch hat eine Länge von etwa zwei Kilometern und erstreckt sich über ein Gebiet von 283 Hektar. Der Schieferabbau begann bereits im 18. Jahrhundert und erreichte seine Blütezeit gegen Ende des 19. Jahrhunderts mit über 3000 Mitarbeitern und einem jährlichen Abbau von 100 000 Tonnen Gestein. 1969 wurde der Steinbruch endgültig stillgelegt. Heute wird das Areal von Ziegenherden besiedelt. Der lange und beeindruckende Aufstieg von etwa 500 Höhenmetern beginnt am See Llyn Peris und zieht den Besucher sofort in eine andere Welt. Die Szenerie ist wahrlich fantastisch. Gewaltige Wolken und Nebelschwaden. Schwarze Wüsten. Berge und Täler aus Schieferbruch, die durch den Regen schwarz glitzern und glänzen. Das Abenteuer wirkt wie eine Reise mitten durch Mordor, das Reich des bösen Sauron, aus J. R. R. Tolkiens fiktiver Welt von Mittelerde. Eine surreale wie kräftezehrende Reise in eine verwunschene Welt, die in der Dunkelheit am See endet und darauf wartet, erneut erkundet zu werden.

AUF DEM WEG zu den höheren Ebenen des Steinbruchs passiert man wundersame Landschaften, darunter Schieferwüsten und steil verzweigte Pfade.

DAS SCHIENENSYSTEM DER STEINBRÜCHE wurde nachträglich geschaffen und brachte beim Transport immense Erleichterung. Noch heute sind viele Trassen gut erkennbar, manche Strecken waren in schier unfassbaren Positionen angelegt und führen heute ins Nirgendwo.

DIE »ANGLESEY BARRACKS« waren Arbeiterunterkünfte in imposanter Lage. Die winzigen Unterkünfte wurden geschaffen, damit die Minenarbeiter nicht immer den langen Weg ins Tal antreten mussten. Die Einfachheit wird heutzutage entschädigt durch die einzigartige Aussicht über den Nationalpark.

*Das Wetter war an diesem Tag Fluch und Segen zugleich: Die Nässe und der Wind zerrten an meinen Kräften. Doch die Naturgewalten und das dramatische Licht haben die Kraft des Ortes erst richtig betont.*

Sven Fennema

AM STEINBRUCH gibt es immer wieder grandiose Aussichtspunkte. Die schier unendlichen Schieferwüsten gehören zu den beeindruckendsten Orten, die ich je besucht habe.

RÜCKSEITE des abgerissenen Château Miranda in den belgischen Ardennenwäldern ▽▽

# BELGIEN

CHÂTEAU MIRANDA war ein neogotisches Schloss in den Ardennen. Zuletzt diente es als Feriendomizil. 2017 wurde es abgerissen.

# ZURÜCK ZU DEN WURZELN

Das kleine Nachbarland zwischen der Nordsee und den Ardennen gilt für viele Lost-Places-Enthusiasten als Erweckungserlebnis. Belgien ist mit seinen gerade einmal 30 688 Quadratkilometern wesentlich facettenreicher als auf den ersten Blick gedacht. Die verborgenen visuellen Schätze sind in diesem Land vornehmlich in den Städten zu finden. Denn mit 98 Prozent hat Belgien die höchste Urbanisierungsrate ganz Europas.

Vor allem wenn man auf Zeiten zurückblickt wie vor 15 Jahren, als das Internet noch nicht die letzten verborgenen Ecken der Erde preisgab, war es eine echte Herausforderung, diese besonderen Orte jenseits des zivilisatorischen Alltags aufzuspüren. Oftmals gaben die Satellitenkarten nur wenig Details preis und die Streetview-Funktion von Google war noch nicht erfunden. Die Quellenlagen waren meist dürftig, Hinweise waren oft nur vage Vermutungen oder man bediente sich bei Postkartenarchiven.

## VIELFÄLTIGKEIT

Belgien eignet sich hervorragend für Erkundungen und wartet mit einer stattlichen Varianz an Lost Places auf. Seien es industrielle Anlagen, Châteaus, aber auch Theater, Schwimmbäder und Kirchen. Viele der besuchten Orte sind mittlerweile abgerissen oder umgebaut worden. So haben die Fotografien einen historischen Wert, da sie Vergangenes für immer festgehalten haben. Doch es wäre natürlich spannend, sie im heutigen Licht noch einmal neu ablichten zu können.

Auch wenn Belgien ein kleines Land ist, so hat doch es viele visuelle Erzählebenen. Die verträumte charakteristische Architektur, die wallonische Landschaft mit den ausgedehnten Mittelgebirgsregionen, die für ihre Moore bekannte Hochebene des Hohen Venn und die im Süden liegenden Ardennen. Aber auch die Industriekultur hat das Land tief geprägt und findet im Sinne der vergessenen Pracht durchaus seine Daseinsberechtigung. Schließlich war Belgien einst die Wiege der Industrialisierung. Hier entstanden die bedeutendsten Bauten der Bergwerks- und Stahlindustrie auf dem Kontinent. Auch wenn viele der Anlagen bereits stillgelegt oder abgerissen wurden, sind Orte wie Liège und Charleroi noch sichtlich von der Industriearchitektur geprägt.

Zu den unvergesslichen Reisen gehört zweifelsohne die Zeche Hasard der Stadt Visé, die zur Wallonischen Region gehört. Ein kolossales Relikt, das in der Frühzeit der Industrialisierung Mitte des 19. Jahrhunderts seinen Anfang nahm und bis in das Jahr 1977 Steinkohle förderte. Vor allem der historische Malakow-Turm, der Förderturm Nummer 1 aus der Gründerzeit mit seinem charakteristischen Backsteinbau, mutet vielmehr wie ein neugotisches

Schloss an. Damals gab es noch keinen Vandalismus. Man konnte sogar alte Staubmasken und Bergmannskluften verstreut auf dem Gelände finden. Doch in den Folgejahren änderte sich das Gesamtbild. Bis auf den historischen Förderturm Nummer 1, der unter Denkmalschutz gestellt wurde, wurden große Teile abgerissen oder fielen dem Vandalismus zum Opfer.

Belgien ist ebenso ein Hort der Schlösser und Herrenhäuser, von denen in der letzten Dekade immer mehr vor dem Verfall gerettet wurden. Die Lost Places von Belgien sind immer für eine Überraschung gut. Sie tauchen selbst heute noch an den ungewöhnlichsten Orten auf. Sei es umgeben von Wäldern, modernen Siedlungen oder sogar inmitten von Städten. Wie kleine Zeitkapseln warten sie darauf, aus ihrem Dornröschenschlaf zu erwachen. So verbirgt sich fast unsichtbar hinter einem verwilderten Tor ein Farbenatelier, das bereits seit Jahrzehnten inmitten einer belebten Kleinstadt vor sich hin träumt. Oder ein vergessenes Herrenhaus, das vollständig von Neubauten umgeben ist. Es lohnt sich immer, zwei Mal hinzuschauen, denn überall können spannende Orte auf den Entdecker warten.

EINE DER ZAHLREICHEN VERLASSENEN KIRCHEN. Nachdem der Abriss begann, erlangte sie meine Aufmerksamkeit. Zunächst wieder gestoppt, ist der Abbruch mittlerweile vollendet.

DAS KLEINE CHÂTEAU auf dem Lande war eine zum Teil eingestürzte Ruine. Die Haupthalle bot immer noch eine wunderschöne Erinnerung an die einstige Pracht. Mittlerweile wurde der Bau restauriert. ▷

*Die Magie der Luftfotografie bringt eine ganz neue Ebene in meine Arbeit. Endlich habe ich die Möglichkeit, die Architektur im Kontext ihrer Umwelt mit der Magie der Lichtstimmungen einzufangen.*

Sven Fennema

EINSAM IM WALD liegt das Château aus dem 17. Jahrhundert. Mittlerweile ist die Ruine von der Vegetation völlig verschlungen und bot mir eine ganz besondere Atmosphäre bei Sonnenuntergang.

DAS BERGWERK HASARD CHERATTE war einer der ersten Lost Places, die ich in Belgien besucht habe. Von der Eröffnung 1850 bis zur Schließung 1977 hatte es eine wichtige Bedeutung in der Industrialisierung. Es bleibt für mich in ewiger Erinnerung.

DIESES VERWAISTE FARBENATELIER in einer flämischen Stadt war eine echte Zeitkapsel, wie ich sie in der Art schon lange nicht mehr fand. Doch für Belgiens Lost Places nicht untypisch. Die Räume wirken fast unwirklich, so unberührt nach so langer Zeit, und das inmitten eines Ortes.

MITTEN IN DEN WALLONISCHEN ARDENNENWÄLDERN fand ich diesen völlig umwucherten Lokomotivfriedhof.
DIE ALTE EISENBAHNBRÜCKE nahe der deutschen Grenze war bereits früher eines meiner Ziele, doch aus der Luft wurde das Objekt perspektivisch noch einmal interessanter. ◁

VON AUSSEN UNSCHEINBARES und unbekanntes Anwesen in Mecklenburg-Vorpommern. Im fast stockdunklen Innenbereich birgt es wahrlich Schätze der Architektur. ▽▽

# DEUTSCHLAND

DAS BALLHAUS RIVERA war einer der prunkvollsten Orte vor den Toren Berlins. Nach einem Brand war das Schicksal final besiegelt.

# AUFBRUCH UND NIEDERGANG

In den deutschen Gefilden sind Lost Places in Ost wie West zu finden. Im Westen wartet das Ruhrgebiet als größter Ballungsraum Deutschlands mit seiner Industriekultur auf. Mit einer Fläche von 4 438,69 Quadratkilometern ist er sogar der fünftgrößte Siedlungsraum Europas. Sein heutiges Erscheinungsbild formte sich mit Beginn der Industrialisierung und dem Bergbau im 19. und 20. Jahrhundert.

Doch die meisten dieser Orte mit ihren prägnanten Motiven verschwanden von der Landkarte, bevor sie fotografisch festgehalten werden konnten. Ein Wermutstropfen für jeden Fotografen, der diese kostbaren Momente verpasst hat. Was man doch dafür geben würde, sich in eine Zeitmaschine setzen zu können, um diese nostalgischen Orte abzulichten. Besonders bedauerlich ist es bei der bereits teilweise abgerissenen Anlage der Henrichshütte in Hattingen von 1854.

## ROMANTISCHES KLÄRWERK

In anderen Fällen ist der rechte Zeitpunkt noch geglückt, wie das historische Klärwerk im Jugendstil in Krefeld. Ein großartiges Beispiel für die Baukunst vergangener Zeiten, die heutzutage bei solchen Zweckbauten nicht mehr zu finden ist. Erbaut wurde das unter Denkmalschutz stehende Gebäude 1909 nach den Plänen des Architekten Georg Bruggaier. Die majestätische Jugendstilhalle mit ihrer einzigartigen Decke schlummerte lange Zeit vor sich hin. Mittlerweile hat sie einen neuen Besitzer gefunden und kann sogar besichtigt werden.

Ein weiterer fotografischer Schwerpunkt ist der Osten Deutschlands. Der Niedergang der Deutschen Demokratischen Republik in der letzten Dekade des ausgehenden letzten Jahrhunderts hat nicht die versprochenen blühenden Landschaften hervorgezaubert. Architektonische Relikte der ehemaligen DDR lassen den klassischen Charme der Pracht vermissen. Doch Sachsen und Brandenburg ist geradezu ein wahrer Tummelplatz bezaubernder Schlösser. Diese wurden nach der Wende oft zum Schleuderpreis an ausländische Investoren verkauft, in der Hoffnung, sie so vor dem Verfall zu retten. Es wurden leider längst nicht alle Bauwerke verschont, was auch daran lag, dass die restauratorischen Auflagen zu komplex und kostspielig waren. Spätere Versuche, die Gebäude nachträglich wieder zurückzugewinnen, scheiterten häufig. So auch der wunderschöne und einst beliebte Ballsaal des in den 1870er-Jahren erbauten Gasthofes bei Döbeln zwischen Leipzig und Dresden. Ein versteckter Schatz auf der ersten Etage. Doch der lange Verfall machte die Bausubstanz immer instabiler. 2021 wurde der Prunksaal abgerissen. Deutschland – so nah und doch so fern – bleibt für Lost Places ein zweischneidiges Schwert.

*Bis heute kann man im Osten viele vergessene Ballsäle unterschiedlicher Gestaltungsformen finden. Die meisten erstrahlen dank einer Architektur mit Seele, individuell und liebevoll gestaltet.*

Sven Fennema

DIE BÜHNE DES ALTEN BALLSAALS im Obergeschoss war bereits vollständig eingestürzt und von Pflanzenwelten neu bevölkert.

EINES DER VIELEN VERLASSENEN SCHLÖSSER in Brandenburg mit herausragenden Holzarbeiten im Treppenhaus. Das Schicksal ist auch hier ungewiss zwischen Rettung und Verfall.

TIEF IM DORNRÖSCHENSCHLAF liegt dieses Schloss in Sachsen-Anhalt. Hier noch mit den ursprünglichen Wandgestaltungen, bevor es für mehrere »Bibi & Tina«-Filme neu in Rot gestrichen wurde. Gerettet wurde es trotzdem nicht und bleibt leider unbewohnt.

DER EINST MAJESTÄTISCHE HAUPTSAAL des Berliner Gesellschaftshauses verlor leider den Kampf einer würdigen Restaurierung. Bis auf die Außenmauern wurde es abgerissen und als Seniorenresidenz neu erbaut.

DAS EINSTIGE RITTERGUT am Waldrand an einem kleinen See verlor seine herrschaftliche Bestimmung vor langer Zeit. Zuletzt diente es als DDR-Parteischule. Bei meinem ersten Besuch im Jahr 2012 fand ich sogar noch Stasi-Akten im Verschlag des Dachbodens. ◁

DAS ATELIER der Internationalen Film-Union schrieb Filmgeschichte. Romy Schneider und Hildegard Knef synchronisierten hier. Außerdem war es ein Kopierwerk für Zelluloidfilm.

DAS HISTORISCHE KLÄRWERK in Krefeld ist einer der bedeutendsten industriellen Architekturschätze des Jugendstils. ▷

AUF EINER ANHÖHE ERBAUT ist die ehemalige Kirche von Muschau das letzte Überbleibsel eines Dorfes, das wegen eines Stausees weichen musste. ▽▽

# TSCHECHIEN

BAROCKES SOMMERHAUS in Milleschau. Erbaut im 18. Jahrhundert von italienischen Baumeistern diente es der Unterhaltung und Ruhe.

# IDYLLE IM MORGENGRAUEN

Das mitteleuropäische Land wartet mit anmutigen Burgen und Schlössern, heimischen Biersorten und einer langen Geschichte auf. Doch dem Reisenden fällt zuerst die wunderschöne Natur auf, die sich durch das ganze Land zieht. Seien es die eindrucksvollen Gebirgszüge des Erzgebirges, die endlosen böhmischen Wälder oder die einzigartigen Seelandschaften im Süden des Landes.

In den Lost-Places-Fokus geriet Tschechien erst spät und weckte die Neugierde vor allem durch seine faszinierenden Friedhöfe. Das Land beherbergt eine große Anzahl an alten Herrenhäusern, Stätten und Kirchen. Die Anstrengungen, viele dieser alten Stätte zu restaurieren, sind groß. So wurde aus einem aussichtsreichen Lost-Places-Kandidat bei Anreise manchmal ein Schloss im Renovierungsprozess. Doch es stehen immer noch viele Gebäude leer und warten wie im Dornröschenschlaf auf eine glanzvolle Rückkehr. Anders als beispielsweise in Italien, findet man nur selten noch das Interieur in den Räumlichkeiten. Vieles wurde offenkundig legal oder illegal ausgeräumt – inklusive elektrischer Leitungen. Die alten Gemäuer wissen vor allem visuell zu begeistern. Entweder durch ihre Architektur oder durch die besondere Lage, die sich besonders für Drohnenbilder eignen.

Tschechien lebt von den Kontrasten der Jahreszeiten. Der Sommer mit seinen strahlenden Gelb- und Orangetönen verwandelt die Vegetation in eine idyllische Szenerie und sorgt für eine warme Stimmung. Der Spätherbst mit dem letzten Aufblühen der kräftigen Rot- und Erdtöne lässt das Land in einem ganz anderen Licht erscheinen. Im westböhmischen Bäderdreieck zeugen die weltberühmten Kurorte Karlsbad, Marienbad und Franzensbad immer noch vom Glanz vergangener Tage, doch es bleibt ungewiss, ob sie vor dem Verfall gerettet werden. Umso wichtiger ist es, diese bedeutenden Bauten in ihrem authentischen Zustand zu dokumentieren.

## HISTORISCHER KURORT

Besonders lohnenswert ist im Herbst ein Besuch in Marienbad, das seit 2021 zum UNESCO-Welterbe der bedeutenden Kurstädte Europas gehört. Ein verschlafener Kurort in Westböhmen, dessen Geschichte bis ins 12. Jahrhundert zurückreicht. Bereits im 16. Jahrhundert verweisen Dokumente auf die Existenz von heilsamen Quellen. Ein kleiner, aber prunkvoller Kurort entstand. 1946 wurden die Kureinrichtungen schließlich durch das kommunistisch geführte Regime verstaatlicht und dienten fortan als Erholungsort für die sozialistische Arbeiterschaft. Mit dem Zerfall des Ostblocks zu Beginn der 1990er-Jahre wurden viele staatseigene Betriebe von privaten Investoren aufgekauft und sind inzwischen saniert und restauriert. Die vergessene Pracht entfaltet ihre Schönheit in Gestalt eines stattlichen Anwesens,

eingebettet in den Wäldern oberhalb des Kurparks. Die imposante gelbe Außenfassade mit den liebevoll gestalteten Türmchen und Stuckarbeiten lässt auf eine prachtvolle Vergangenheit schließen, die vom herbstlichen Morgennebel langsam preisgegeben wird.

Der wohl schönste Zufallsfund ergab sich durch einen vagen Hinweis im Süden des Landes. Die ehemalige Kirche von Muschau in Südmähren blickt auf eine lange Geschichte zurück, die bis in das 13. Jahrhundert reicht. Auf einer Anhöhe im gleichnamigen Dorf erbaut, was gleichzeitig auch der Grund ist, warum sie heute noch existiert. Denn 1987 wurde das Dorf geflutet, um für einen Stausee Platz zu machen. Entstanden ist ein Naturschutzgebiet mit einer idyllischen Seenlandschaft. Inmitten dieser bezaubernden Szenerie thront auf einem Eiland die historische Pfarrkirche. Der lange Marsch zahlt sich aus und wird am Ende des Tages bei traumhaft ruhigem Wasser im schönsten Abendlicht belohnt. Langsam steigt der Mond auf, während die Gegenseite noch vom warmen Licht umarmt wird.

*Die Jugend ist glücklich, weil sie die*
*Fähigkeit hat, Schönheit zu sehen.*
*Jeder, der die Fähigkeit behält,*
*Schönheit zu sehen, wird nie alt werden.*

Franz Kafka

DER FRÜHE MORGEN im Spätherbst verhüllte zunächst den gesamten Hügel im verschlafenen Kurort, bis endlich die dichten Nebelfelder aufbrachen und die liebevoll gestaltete Fassade des Kurhotels in voller Pracht freigaben.

SELTENHEITSWERT haben in dieser Region die auffälligen Fresken in der unteren Etage dieses außergewöhnlichen Schlosses vom Kaminzimmer bis in die Küche. Ebenso auffällig sind die eingelassenen Spiegel im Kaminzimmer und in den Haupträumen.

DECKENFRESKEN mit Szenen antiker Fabeln eines Sommerhauses aus dem frühen 18. Jahrhundert. 1958 wurde das Gebäude zusammen mit dem Schloss zum Kulturdenkmal erklärt. ▷

DIE BAROCKE GLORIETTE aus dem 17. Jahrhundert ist ein Nebengebäude eines Schlosses und befindet sich in einem stark verfallenen Zustand. Doch die Pläne sind bereits geschmiedet, das ganze Areal liebevoll zu restaurieren.

DAS SCHLOSS aus dem späten 17. Jahrhundert trägt sein heutiges Erscheinungsbild durch den neobarocken Wiederaufbau um 1910. Obwohl es ein geschütztes Kulturdenkmal ist, war es über viele Jahre in desolatem Zustand. Doch endlich beginnt die Restaurierung, um dem Gebäude wieder ein würdiges Erscheinungsbild zu verleihen.

*Einer dieser magischen Momente nach einer langen Nacht, um in der goldenen Morgenstimmung die Drohne in den Himmel zu schicken. Nur das richtige Licht kann perfekte Bilder entstehen lassen.*

Sven Fennema

DIE FABRIKANTENVILLA wurde zuletzt als Kinderpsychiatrie genutzt, bis eine Explosion im Heizraum das Schicksal der Villa besiegelte.

Das Schloss Bożków aus dem 16. Jahrhundert war lange in Adelsbesitz. Das Areal wird behütet, genutzt wird es jedoch schon lange nicht mehr. ▽▽

POLEN

DIE SCHLOSSRUINE war eine Überraschung. Während der Fahrt durch die Ländereien entdeckte ich eine ungewöhnliche Struktur im Wald.

# GLANZ UND ELEND

Unsere östlichen Nachbarn sind ein beliebtes Ziel für faszinierende Entdeckungen vergangener Prachtbauten. Es ist ein Vergnügen, die wunderschöne und beeindruckende Entwicklung zu sehen, die das Land in der letzten Dekade durchlaufen hat. Die Infrastruktur wurde modernisiert, historische Gebäude wurden gerettet und sinnvolle Projekte wurden ins Leben gerufen.

Einen ersten fotografischen Anker stellt die Kirche von Giersdorf in Niederschlesien dar. Sie gehört zu den außergewöhnlichsten Sakralbauten auf dem europäischen Kontinent. Die Kirche wurde Ende des 18. Jahrhunderts errichtet und wird der Epoche des frühen Klassizismus zugeordnet. Die Urheberschaft des kunst- und architekturgeschichtlich bedeutsamen Baudenkmals mit seinem eleganten elliptischen Emporen-Innenraum ist nicht ganz geklärt. Es wird angenommen, dass das Gotteshaus nach den Plänen des renommierten Berliner Architekten Carl Gotthard Langhans erbaut wurde, dessen bekanntestes Bauwerk das Brandenburger Tor ist.

Seit der Reformationszeit sind die Einwohner von Giersdorf protestantisch. Nach einer kurzen Phase des Katholizismus nach dem Dreißigjährigen Krieg, ist mit den Preußen der protestantische Glaube zurückgekehrt. Nach dem Zweiten Weltkrieg verlor die Kirche ihre religiöse Bestimmung. Das Gebäude wurde für die Viehzucht zweckentfremdet und sukzessive entkernt, um die Baustoffe für andere Zwecke zu nutzen. So verfiel der Bau langsam zur Ruine. Die Fensterrahmen wurden entfernt. Die Spitze des Kirchturms stürzte ein. Immer wieder drang bei Regen Wasser durch das desolate Dach ein. In den Jahren 2014 bis 2019 haben die Warschauer Stiftung »Dein Kulturerbe« und die Deutsch-Polnische Stiftung Kulturpflege und Denkmalschutz gemeinsam mit privaten Spendengeldern die Kirche wieder aufgebaut und renoviert. Ein einmaliges Bauwerk, das nicht nur durch seine besondere ovale Form, sondern auch durch seine einzigartige Holzkonstruktion im Innenbereich den Betrachter staunen lässt.

## KONTRASTE

Polen ist ein wunderschönes Land voller Kontraste. Die Menschen sind sehr gastfreundschaftlich und herzlich. Die Schere zwischen den Städten, die durch Modernisierungen viel neuen Wohlstand erlangt haben, und den ländlichen Regionen, geprägt von Armut und Einfachheit, ist immer noch sichtbar. Gerade in diesen Gebieten ist die vergessene Pracht überall präsent. Polen ist geradezu übersät von schlichten wie auch imposanten Herrenhäusern und Schlossanlagen.

Ins Auge des Betrachters stechen oft die einzigartigen Fassaden mit filigranen Verzierungen. In den Innenräumen ist nur selten noch Mobiliar anzutreffen. Viele Gebäude wurden zuletzt als Verwaltungen oder Schulen zweckentfremdet. Das Interieur hat ein entsprechend tristes Erscheinungsbild erhalten. Der abgeplatzte braune Putz brachte durch die lange Zeit des Stillstands im Inneren häufig die Fresken aus vergangenen Tagen zum Vorschein, die von der einstigen Pracht erzählen. Doch auch hier wurden viele Gebäude regelrecht ausgeschlachtet. Es bleiben immer noch prachtvolle Hüllen, die von einer glanzvollen Zeit erzählen. In noch ärmeren Regionen stehen die einst bezaubernden Herrenhäuser leer und sind dem unausweichlichen Schicksal des Verfalls ausgesetzt, während in den umliegenden, teils noch viel schlechter beschaffenen Wirtschafts- oder Nebengebäuden Familien leben – oft unter erschütternden Bedingungen im Schatten des ehemaligen Glanzes. Wenn man durch Polen reist, ist man stets auf der Suche nach neuen Kleinoden. Vor allem auf dem Lande kann hinter jedem Dorf oder Wäldchen eine wunderschöne Ruine oder ein besonderes Bauwerk lauern, das zum Entdecken der einstigen Pracht einlädt.

SELBST IN RUINEN kurz vor dem endgültigen Zerfall finde ich häufig noch faszinierende Details, wie bei diesen Herrenhäusern in Großpolen. Die steinernen Statuen wirken immer noch erhaben auf den verfallenen Außenmauern.

IM ERSTEN MORGENLICHT sind die kreisenden Vögel die einzigen Begleiter des ruinösen Schlosses. Die Erscheinung wirkt heute noch prächtig, doch ein großer Teil des Dachstuhls ist bereits eingestürzt. ▽▽

VERSPIELTE ARCHITEKTUR mit Balkons und kleinen Türmchen ist in der heutigen Zeit oft undenkbar. Das Innere des Anwesens ist kaum noch zu betreten. Die früheren Gesindehäuser werden von Familien bewohnt. Sie haben eine schöne und doch traurige Aussicht auf die stolze Vergangenheit.

DER INNENBEREICH dieser evangelischen Kirche ist vollständig aus Holz gefertigt. Das teils eingefallene Dach wurde von privaten Vereinen mittlerweile renoviert, um die Basis des architektonischen Meisterwerks zumindest vor dem endgültigen Untergang zu bewahren.

DIESE EVANGELISCHE KIRCHE in Großpolen aus dem 18. Jahrhundert war lange vom Verfall gezeichnet. Mittlerweile restauriert, werden hier nun Theateraufführungen veranstaltet. MARKANTES HERRENHAUS im Renaissancestil aus dem 16. Jahrhundert. Es wartet immer noch auf seine finale Rettung. ◁

DAS SANATORIUM im Nordwesten Georgiens besuchte ich auf dem Weg nach Abchasien. Mitten im Nirgendwo verbirgt es innen trotz des ruinösen Zustands eine wunderschöne Säulenarchitektur. ▽▽

# GEORGIEN

UNWEIT VON BATUMI besuchte ich dieses prachtvolle Sanatorium mit Blick auf die Schwarzmeerküste bei perfektem Sonnenuntergang.

# PRACHT UND MELANCHOLIE

Im Herzen Westeuropas weiß kaum jemand etwas über das Land an der Schnittstelle zwischen Europa und Asien. In Georgien leben mit 3,7 Millionen Einwohnern so viele Menschen wie in Berlin, und gilt wegen seiner Fläche von gut 57 000 Quadratkilometern als dünn besiedelt. Das Land östlich des Schwarzen Meeres erobert das Herz des Reisenden mit seinem kulturellen Reichtum und der Gastlichkeit der Menschen im Sturm.

Die Relikte des ehemaligen Satellitenstaates der Sowjetunion sind immer noch prägnant. Doch es ist positiv zu beobachten, wie der Wind der Freiheit für ein echtes Aufblühen im Land gesorgt hat. Die facettenreiche Schönheit und Vielfalt der geografischen Lage mit ihrer Natur sucht seinesgleichen. Eingerahmt von zwei Gebirgen grenzt es im Norden mit den Hochgebirgszügen des Großen Kaukasus an Russland und im Süden an die westlichen Rücken des Kleinen Kaukasus und den Rand des vulkanischen Armenischen Hochlandes. Die größtenteils naturbelassenen Gebirgszüge und Täler überzeugen mit ihrer natürlichen Schönheit. Malerische Wasserfälle, alte Klöster und sogar Felsenstädte warten auf den Besucher. Da das Land touristisch kaum erschlossen ist, ist es eine Wohltat für Geist und Auge.

## REICHTUM DER NATUR

Die Flora und Fauna des Landes ist bemerkenswert. Dank der unterschiedlichen Klimazonen hat Georgien eine hohe Artenvielfalt und besitzt die höchste Biodiversität Europas. 44 Prozent des Landes ist mit Wald bedeckt. Architektonisch ist das Land noch stark geprägt von der ehemaligen Sowjetunion. Nicht selten trifft man auf die Überbleibsel alter Sanatorien, Hotels und pompöser Kulturhäuser. Immer mehr dieser alten Gebäude werden mittlerweile restauriert und erfahren eine neue Bestimmung. Genau dort trifft man auf viele beeindruckende Lost Places, denn sie sind Zeitzeugen der einst vergessenen Pracht.

Die Reise durch das Land ist zu Beginn gewöhnungsbedürftig. Der klapprige Mietwagen kann schon mal 300 000 Kilometer auf dem Buckel haben. Die durch die Armut gelebte Bescheidenheit ist überall im Land präsent. Doch gerade in dieser Einfachheit ist die Schönheit zu finden. Das Leben wird auf das Wesentliche reduziert.

Den Höhepunkt der Reise stellt der Kurort Zqaltubo dar. Zu Sowjetzeiten war er mit seinen Thermalquellen ein sehr beliebtes Reiseziel. Ein kleiner Ort mit vielen prächtigen Hotels und Sanatorien, der bis zum Zusammenbruch der Sowjetunion eine Hochburg des Tourismus war. Mit der Unabhängigkeit Georgiens 1991 machte der Ruin auch in Zqaltubo nicht halt. Mit dem Geor-

gisch-Abchasischen Krieg in den Jahren 1992 und 1993 wurde der Kurort zu einem Anlaufpunkt für zehntausende Flüchtlinge. Heute wohnen immer noch viele Flüchtlingsfamilien unter oft prekären Bedingungen. Wenn man durch die einst majestätischen Gebäude streift, wirkt es geradezu surreal, wenn sich inmitten der Ruinen bewohnte Bereiche auftun. Oft sind einige Häusertrakte bewohnt, während auf der gegenüberliegenden Seite die Räumlichkeiten einem starken Verfall ausgesetzt sind. Für die Menschen, die hier leben, hat das einst imposante Treppenhaus, das sie passieren, um zu ihren Quartieren zu gelangen, wohl nur eine geringfügige Bedeutung. Neben einem verlassenen Theater wird gekocht, spielende Kinder wetzen durch die Gänge. Es ist bemerkenswert, wie anpassungsfähig Menschen doch sind, um das Beste aus ihrem Schicksal zu machen. Auch wenn sie in bitterster Armut leben, gibt es weder Neid noch Missgunst. Die Gastfreundschaft dieser Menschen ist sehr herzlich. Man wird sogar spontan zum Essen mit einem Glas Wein eingeladen. Sie sind ein mahnendes Beispiel, welche schrecklichen Auswirkungen ein Krieg haben kann, und lassen den Reisenden nachdenklich zurück.

*Georgiens Sanatorien stellen noch heute beeindruckende Monumente der Sowjetarchitektur dar. Die schiere Größe und prachtvolle Bauweise lassen mich trotz des ruinösen Zustands sprachlos und fasziniert zurück.*

Sven Fennema

SCHWER ZU ERREICHEN war das ehemalige Tuberkulose-Sanatorium inmitten des wunderschönen Nationalparks von Borjomi. Am Ende unwegsamer Matschpisten hätte ich niemals solch ein Bauwerk erwartet. Innerhalb der alten Mauern befinden sich Stallungen für Schafe oder Kühe.

DAS SANATORIUM vor den Toren Batumis liegt am Steilhang der Schwarzmeerküste. Nur noch die Außenfassade ist vorhanden und lässt viel Raum für Fantasie, wie die Region einst blühte.

EIN FASZINIERENDER ZUFALLSFUND am Wegesrand war dieses Kulturhaus im Zentrum eines Dorfes im Süden nahe der türkischen Grenze. Alles ist unversehrt und scheint wie in einer Zeitkapsel eingefroren zu sein.

*Der Kurort Zqaltubo stellt ein unvergessliches Erlebnis dar. Voller Schönheit und einzigartiger Bauwerke, doch überschattet von der traurigen Vergangenheit. 20 000 Georgier fanden hier wegen des Bürgerkriegs Zuflucht.*

Sven Fennema

DER EINGANGSBEREICH mit seinem Säulenwald ist der ganze Stolz des einstigen Sanatoriums mit über 300 Betten. Der Verfall scheint den Farben und der Pracht nichts anhaben zu können.

DAS SANATORIUM IVERIA am Seeufer gehört zweifelsohne zu den schönsten des Kurortes Zqaltubo. Es besticht durch seine paradiesischen Farben und seine komplex anmutende Architektur mit vielen verspielten Labyrinthen. Leider war das Gebäude zuletzt immer wieder Opfer von Vandalismus.

DIE INDUSTRIELL GEPRÄGTE STADT TSCHIATURA ist vor allem für ihre Seilbahnen bekannt, die ein wichtiges öffentliches Verkehrsmittel darstellten, um die Einwohner zwischen Berg und Tal zu befördern. Hoch oben thront noch heute ein ehemaliger Palast mit den Relikten des einst prunkvollen Kultursaals.

# ENDSTATION IM NIRGENDWO

## Majestätische Bahnhöfe Abchasiens

Die traumhaft schöne Eisenbahnstrecke von Senaki im Westen Georgiens bis in den russischen Ort Adler entlang der Schwarzmeerküste war einst der große Stolz der Sowjetunion. Sie verband als eine von nur zwei Eisenbahnverbindungen den südlichen Kaukasus mit den restlichen Landesteilen der UdSSR. Bis zum Ende der Sowjetunion und der Unabhängigkeit Abchasiens 1992 wurde die 242 Kilometer lange Strecke aufgrund schwerer kämpferischer Unruhen für den Personenverkehr eingestellt. Seitdem ruht der Bahnverkehr zwischen Georgien und Abchasien, und damit auch der Anschluss an Russland. Die teils majestätisch anmutenden Bahnhöfe sind seit 30 Jahren dem Verfall preisgegeben. Doch die Architektur ihrer einst imposanten Pracht lassen die Gebäude immer noch durchschimmern. Auch wenn die Orte frei zugänglich sind, ist es nicht ungewöhnlich, wenn die Polizei oder das Militär Kontrollen durchführt. Die Lage bleibt angespannt. Neben den Stationen sind auch die Schienen in einem desolaten Zustand. Die am schlimmsten zerstörten Regionen um Gali im Süden Abchasiens sind heute kaum wiederzuerkennen. Wie ein Mahnmal steht in der Nähe des fünf Kilometer entfernten Ortes Ingiri die zerstörte Grenzbrücke über den Fluss Enguri für das endgültige Ende im Nirgendwo.

DIE BRÜCKE zwischen Georgien und Abchasien ist ein Mahnmal des Bürgerkrieges. Am Fuße der georgischen Seite weiden heute Kühe entlang des Grenzflusses Enguri.

DAS IN DEN SEE ragende Bahnhofsgebäude von Psirtskha ist durch seine idyllische Lage in den Bergen ein märchenhaftes Kleinod.
DIE BAHNHÖFE ABCHASIENS zehren vom Glanz der ehemaligen Sowjetunion mit ihren prachtvollen Bauten. Die Eisenbahnroute stellte eine wichtige Verbindung dar, um die mondänen Kurorte wie Kelasuri, Gagra, Sochumi und Nowy Afon entlang der Schwarzmeerküste miteinander zu verbinden. ◁

*Die stillgelegte Bahnstrecke von Abchasien nach Georgien war vermutlich eine der schönsten Trassen der Welt. Sie faszinierte wegen der Landschaften und der wunderschönen Architektur ihrer Bahnhöfe.*

Sven Fennema

DIE PITTORESKE ATMOSPHÄRE des Psirtskha Bahnhofs lädt zum Verweilen ein.

DIE ALTE TEEFABRIK in der ärmsten und am stärksten vom Krieg gezeichneten Region Gali. Das Hauptgebäude des landwirtschaftlichen Konsortiums lässt den einstigen Glanz erahnen. ▽▽

# ABCHASIEN

IMPOSANTES SANATORIUM im Tourismusort Gagra. Doch eine Rettung dieses gigantischen Prachtbaus scheint in weiter Ferne.

# WEHMUT UND ANMUT

Die abtrünnige Region am Schwarzen Meer im Süden des Kaukasus bietet dem Reisenden eine bewegende wie aufregende Zeit. Bis zum Ende der Sowjetunion gehörte Abchasien zu Georgien und war ein beliebtes Touristenziel. Entlang der bildschönen Küstenregion haben sich Hotelanlagen und Sanatorien scheinbar endlos aneinandergereiht. Eine wohlhabende und blühende Touristenregion entstand.

Doch mit dem Zerfall der Sowjetunion brach 1992 ein Bürgerkrieg aus. Die Region Abchasien erklärte sich für unabhängig dank der militärischen Besatzungshilfe aus Russland. Es folgte eine ethnische Säuberung und ein Flüchtlingsstrom der georgisch-stämmigen Bevölkerung. Seit dem Waffenstillstand 1994 kommt es immer wieder zu einzelnen bewaffneten Konflikten. Die autonome Republik gehört völkerrechtlich immer noch zu Georgien. Die Unabhängigkeit wird auf dem internationalen Parkett der Politik nicht anerkannt.

Bei der Einreise wird die heikle Lage schnell sichtbar, sie ist nur über ein kompliziertes Sonder-Visum möglich. Es gibt keine Botschaften oder internationale Organisationen. Europäische SIM-Karten funktionieren nicht im abchasischen Mobilfunknetz. Der Weg über die Grenze führt über einen mühseligen Weg einer Fußgängerbrücke im nordwestlichen Teil Georgiens.

Nach fünf zermürbenden Stunden hat man die intensiven Grenzkontrollen der unterschiedlichen Parteien hinter sich gebracht. Tiere haben es bedeutend leichter. Denn zahlreiche Kühe passieren die Grenze völlig ungehindert. Oder eine ältere Frau, die in einer großen Plastiktasche ein mähendes Schaf ohne Kontrollen über die Grenze bringt.

## ARMUT UND ANMUT

Die große Armut der isolierten Bevölkerung ist erdrückend. Eine funktionierende Infrastruktur ist faktisch nicht vorhanden. Wie sehr könnte diese wunderschöne Region dank eines wirtschaftlichen Aufschwungs erblühen? Im Süden gesegnet von der Schwarzmeerküste und im Norden von den kaukasischen Bergketten. Doch immer wieder findet man ganze Straßenzüge verwaist, von denen einige sogar zerbombt sind. Nichtsdestotrotz ist die Anmut der Architektur mit ihrer vergangenen Pracht immer noch präsent. Vor allem in der Küstenregion und den benachbarten Wäldern. Abchasien ist ein Land voller Herausforderungen mit vielen emotionalen Momenten. In den alten Minenstädten der abchasischen Berge, wo einst Tausende Arbeit fanden, leben heutzutage eine Handvoll Familien inmitten der Ruinen und ausgebrannten Autos. Trotz bitterer Armut spielen die Kinder unbeschwert und wirken glücklich. Es kommt immer auf die Perspektive an, um Schönheit zu erkennen.

MAJESTÄTISCHER AUSBLICK auf das Schwarze Meer. Bewohnt jedoch nur noch von illegalen Hausbesetzern, die sich hier ab und an niederlassen

EBENFALLS IN GAGRA entdeckte ich ein altes Theater. Nach dem imposanten Eingangsbereich ging es in einen der beiden beeindruckenden alten Theatersäle.

DER BLICK HINAUS AUS DEM PALAST von Alexander Prinz von Oldenburg. Er gilt als Gründer des Resorts Gagra. Mittlerweile haben die Renovierungsarbeiten begonnen, doch es ist noch nicht viel geschehen.
DER PALAST VON NIKOLAI SMETSKY, einem noblen russischen Geschäftsmann, wurde Anfang des 20. Jahrhunderts erbaut. Als seine Frau an Tuberkulose erkrankte, ließ er ein Sanatorium bauen. ◁

*Die Schönheit Abchasiens, gerade im Zusammenspiel der majestätischen Gebirgszüge und des Schwarzen Meeres, lässt mich die traurige Geschichte des Landes oft vergessen. Auch wenn die Armut allgegenwärtig ist.*

Sven Fennema

AUS DER LUFT erkennt man die gigantischen Ausmaße des Tuberkulose-Sanatoriums des Prinzen Nikolai Smetsky.

VON AUSSEN EIN UNSCHEINBARER KLOTZ, überraschte mich das Kulturhaus mit seinem Theater und dem einzigartigen Aufgang zum großen Saal. 2019 fehlte bereits ein großer Teil des Daches.

DAS MAJESTÄTISCHE TREPPENHAUS gehört zum imposanten ehemaligen Parlamentskomplex der Hauptstadt Sochumi. Nur die abchasische Fahne weht tapfer im Wind über dem 11. Stockwerk.

EIN EISIGER HERBSTMORGEN brachte unverhofft eine der schönsten Szenen hervor. Das Schloss Telekie ist in der heutigen Form um 1850 entstanden. ▽▽

# RUMÄNIEN

IM NIRGENDWO inmitten von Feldern zwischen Bukarest und Konstanza befindet sich diese prachtvolle orthodoxe Kirche.

# SCHATTEN DER SCHÖNHEIT

Das Land im Südosten Europas ist bekannt für die Wälder Transsilvaniens am Rande der Gebirgsregion der Karpaten und ist Heimat des legendären Grafen Dracula. Doch Rumänien hat darüber hinaus weit mehr zu bieten. Es gibt nahezu endlos große unberührte Flächen, dichte Wälder, weite Grasflächen und die Küstenregion des Schwarzen Meeres. Das sind die maßgebenden Landschaften in Rumänien.

Die Reise führt uns von der Großen Walachei im Süden in den Osten zur Dobrudscha bis zum Schwarzen Meer, durch die Karpaten nach Transsilvanien und ins Banat. Die Natur fasziniert mit ihren Gebirgen, Hochlagen und weiten Ebenen. In Rumänien hat die Annäherung an den Westen viele Gewinner hervorgebracht. In den Städten ist die Infrastruktur auf einem sehr hohen Niveau. Die Universitätsstadt Cluj-Napoca im Nordwesten, die heimliche Hauptstadt von Transsilvanien, bietet ihren Studenten etwa hübsche Cafés, Restaurants und Bars.

Doch die Kontraste der Lebensumstände sind nirgendwo so sichtbar wie in Rumänien. Nur einige Kilometer entfernt leben Menschen in ruinösen Häusern. Die Schere zwischen Arm und Reich ist auch eine Kluft zwischen den Städten und den ländlichen Gebieten. Dort leben viele Rumänen in sehr einfachen Behausungen. Auch der südliche Teil der Walachei ist gekennzeichnet von Armut. Die Arbeitslosigkeit ist sehr hoch.

Die Regionen in Transsilvanien und den Karpaten bieten dem Betrachter die Gelegenheit, einmalige Lost Places zu bestaunen. Dank der Unterstützung der EU werden viele historische Kulturschätze gesichert und gerettet. Doch gerade auf dem Land sind viele der beeindruckenden Schlösser und herrschaftlichen Anwesen ehemaliger Großgrundbesitzer nur noch ein Schatten ihrer selbst. Entweder sind die Gebäude völlig ruinös oder stark vom Verfall bedroht.

## JÜDISCHES SCHICKSAL

Es gibt auch zahlreiche verlassene Kirchen. Nicht nur rumänisch-orthodoxe, sondern vor allem auch einige wunderschöne Synagogen. Den Grund für den Verfall der Synagogen beantworten sehr gastfreundliche Juden, die die Besichtigung der Orte möglich gemacht haben. Ein düsteres Kapitel der Landesgeschichte tut sich auf. So hat der rumänische Diktator Ion Antonescu während des Zweiten Weltkrieges mit dem NS-Regime paktiert und Juden auch hier systematisch verfolgt. 350 000 Juden fielen den Massakern und ethnischen Säuberungen der rumänischen Armee zum Opfer. Auch nach dem Sturz des Diktators verließen viele der noch verbliebenen Juden das Land. Heute leben in Rumänien einige wenige tausend Juden in nur 33 Glaubensgemeinden. Es ist eine Mammutaufgabe, das kulturelle jüdische Erbe aufrechtzuerhalten.

DIE EINST PRACHTVOLLE SYNAGOGE VON KONSTANZA ist wohl kaum zu retten. Der Nachbar, in dessen Grundstück sie mündet, gewährte mir Einlass. Der Wille, den Bau zu erhalten, besteht, doch der Aufwand bleibt unvorstellbar.

Dennoch ist es ein großes Geschenk, diese Relikte mit ihrer traurigen Vergangenheit fotografisch festzuhalten. Viele der Gebäude werden bewacht, um den fortschreitenden Niedergang ein Stück weit aufzuhalten oder sich vor Vandalismus zu schützen. Einige wenige Gebäude befinden sich im Renovierungsprozess.

## BERÜHMTE THERME

Einen Höhepunkt der majestätischen Architektur stellt das Neptunbad in der einstigen Thermenstadt Herkulesbad dar. Es ist das älteste Thermalbad in Rumänien und sogar ganz Europas. Das Gebäude wurde in den Jahren 1883 bis 1886 nach den Plänen des ungarischen Architekten Alpár Ignat erbaut. In seiner Blütezeit Ende des 19. Jahrhunderts war es ein exklusiver Rückzugsort der Schönen und Reichen. Kaiser Franz Josef suchte den Ort mit seiner Frau Elisabeth, besser bekannt als »Sisi«, auf und schwärmte, dass es das schönste Ressort auf dem Kontinent sei. Die Anlage umfasste rund 80 Bäder. Über 100 Gäste konnten hier gleichzeitig Erholung finden. Hervorzuheben sind vor allem die endlosen Gänge und die farbige Säulenarchitektur. Ein Verein kümmert sich mittlerweile darum, das einstige Wahrzeichen zu retten.

Nicht minder beeindruckend ist der Besuch des historischen Casinos in der Hafenstadt Konstanza am Schwarzen Meer. Eines der schönsten Bauwerke des Landes im Jugendstil, erbaut 1910 nach den Plänen des Schweizer Architekten Daniel Renard. Ein schöner Abschluss, auch wenn hier bald der bröckelnde Charme durch die Sanierung des Gebäudes sein Ende haben wird.

EINES DER STOLZESTEN BAUWERKE RUMÄNIENS. Das ehrwürdige Casino der Küstenstadt Konstanza an der Ostküste war für lange Zeit in einem besorgniserregenden Zustand.

DER ROTE HAUPTSAAL mit dem majestätischen Aufgang und einem großen Theatersaal im Jugendstil war das Herzstück des Gebäudes. Glücklicherweise laufen die Renovierungsarbeiten auf Hochtouren und das Gebäude wird mit Augenmerk auf die Geschichte liebevoll restauriert.

DER IMPOSANTE EINGANGSBEREICH mit Kamin und majestätischer geschnitzter Holzausstattung ist wahrlich beeindruckend. Das Schloss diente Baron György Bánffy Mitte des 18. Jahrhunderts als Sommerresidenz.

DIE FARBENINTENSIVE UND SCHMUCKVOLLE SYNAGOGE in der Stadt Mediasch in Siebenbürgen wird zwar nicht mehr benutzt, doch sie ist in einem guten Zustand. Die Anwohnerin des Grundstücks sammelt Spenden und behütet den jüdischen Schatz. ▷

DAS NEPTUNBAD des westlichen Kurorts Herkulesbad ist eines der schönsten Bauwerke des Westens. Auch wenn es sich in einem desolaten Zustand befindet, strahlen die Farben und die Pracht immer noch durch die endlos langen Gänge und Hallen.

DER WUNDERSCHÖNE BRUNNEN im Neptunbad wurde mittlerweile besonders geschützt dank eines Vereins, der in den letzten Jahren mit immensen Anstrengungen und Ehrenamtlern fantastische Arbeit zur Sicherung der Substanz geleistet hat, um dieses Stück Geschichte doch noch zu retten.

*Jedes Wesen steht im*
*Mittelpunkt der Schöpfung.*
*Jedes Wesen rechtfertigt*
*die Schöpfung.*

Elie Wiesel

DAS MAUSOLEUM VON BOBDA ragt geradezu majestätisch aus dem kleinen verschlafenen Ort empor. Selten habe ich so viele Tauben an einem Fleck gesehen, als wären Hunderte von ihnen plötzlich aus der zerfallenen Kuppel geflogen.

# GEAMANA

## Das verlorene Paradies

Geamana in den 1970er-Jahren. Ein kleines idyllisches Dorf in einem malerischen Tal im Apuseni-Gebirge in Transsilvanien. Hier leben 1000 Dorfbewohner ein einfaches, aber zufriedenes Leben. Bis zu einem verhängnisvollen Tag im Jahr 1978. Denn auf Befehl des Diktators Nicolae Ceaușescu wurde das gesamte Tal geflutet. 400 Familien verloren ihre Heimat und wurden umgesiedelt. Der Grund: Hier liegt das größte Kupfervorkommen Rumäniens. Die Kupfermine benötigte dringend einen Ort, um die beim Abbau entstehenden giftigen Substanzen und Abwässer ableiten zu können. Somit war das Schicksal Geamanas besiegelt. Ein bizarr anmutender See aus Schmutzwasser und giftigem Schlamm entstand. Das Wasser schimmert grau, gelblich bis feuerrot, dann wieder karibikblau. Die Szenerie mutet an, als ob man sich auf einem fernen Planeten befindet. Das Gebilde sieht wunderschön aus, doch der Schein trügt. Das Ufer ist von toten Bäumen umsäumt, Tiere haben sich zurückgezogen, und doch gibt es Widerstand. Elf Familien, vorwiegend ältere Menschen, trotzen der Umsiedlung und wohnen am Rande des kontaminierten Seeufers. Doch wenn der Wasserspiegel weiter steigt, werden auch die letzten Menschen aus ihrem Paradies vertrieben worden sein.

DAS MEISTE ABWASSER fließt neben den letzten bewohnten Häusern ein. Das Wasser steht bereits mehrere Meter höher und die Felder werden bald überflutet sein.

AN DER SÜDSEITE BESITZT der See eine karibisch intensive Farbe. Doch das Wasser ist aufgrund seiner Toxizität durchzogen von vielen toten Bäumen. Hier sieht man, wie mit steigendem Wasserstand die alten Häuser nach und nach vom See verschlungen werden.

AUS DEM GRAUEN SCHLICK ragt tapfer der Turmhelm der alten Kirche hervor. Das Minenunternehmen hat die Genehmigung erteilt bekommen, den See bis zu einem Spiegel von 30 Metern aufzufüllen. Schon bald wird der Kirchturm vollständig verschwunden sein.

*Hier verbrachte ich einen gesamten Tag. Bei Ankunft von Starkregen begleitet, klarte der Himmel zum Abend auf. Es entstand ein dramatisches Spiel aus Herbstsonne und Gewitterwolken.*

Sven Fennema

HOCH AUS DER LUFT zeigt sich das gesamte Ausmaß der giftigen Abwässer mit seinen verrückten Farbspielen.

EINES MEINER LIEBSTEN ANWESEN, das ich während meiner Italienreisen immer wieder aufsuche. Vor zwei Jahren konnte ich das Haus endlich aus der Vogelperspektive erfassen. ▽▽

# ITALIEN

VILLA MIT BALKON, der sich entlang der Hauptfront zum Garten zieht. Ein wunderschöner Ausblick in die Hügellandschaft der Marken

# HEIMKEHR DER HERRLICHKEIT

Der schönste Stiefel der Welt mit seiner langen Mittelmeerküste hat wie kaum ein anderes Land die westliche Kultur und Küche nachhaltig geprägt. Mit dem Land wird eine tiefe Verbundenheit und große Leidenschaft geteilt. Italien zieht den Reisenden sofort in seinen Bann. Sei es wegen der Architektur, seiner langen Geschichte oder den einzigartigen Farben, die im italienischen Licht besonders warm zur Geltung kommen.

In Italien kann man endlose Kilometer zurücklegen, ohne sich an dieser großartigen Landschaft und seinen Bauten sattzusehen. Angefangen von den Alpen im Norden bis in den Süden nach Kampanien. Neben den einzigartigen Orten ist es vor allem auch die italienische Lebensart, die Kulinarik und die vielen unterschiedlichen Facetten der Regionen, die das Land so attraktiv machen.

Auch wenn man hier schon unzählige Lost Places fotografiert hat, so bleibt die Leidenschaft ungebrochen. Man ist immer wieder überrascht, neue Zeitkapseln mit ihrer majestätisch anmutenden Architektur aufzuspüren. Es sind schlummernde Schätze, die darauf warten, geborgen zu werden. Sie können an einem jeden Ort aus dem Nirgendwo auftauchen.

## SCHWARZE SCHAFE

Doch leider hat das steigende Interesse am Ruinentourismus auch hier bereits deutliche Spuren hinterlassen. Ist ein Ort erst einmal einer breiten Öffentlichkeit bekannt, steigt auch das Risiko von Vandalismus. Die Respektlosigkeit gegenüber den fragilen und schutzbedürftigen Bauwerken ist bemerkenswert. Blieben früher die Orte meist über Jahre unberührt, gibt es mittlerweile leider viele schwarze Schafe, die ihrer Zerstörungswut freien Lauf lassen oder sogar Diebstahl begehen. So sind einige Orte heutzutage schwer in Mitleidenschaft gezogen oder bereits völlig verschwunden.

Beim Anblick so vieler schöner Lost Places entsteht oft fälschlicherweise die Annahme, Italien würde seine Architektur nicht wertschätzen. Die Antwort ist viel komplexer. Die Italiener lieben ihre kunstvoll gestalteten Bauwerke und deren Geschichte. Dennoch ist es unmöglich, diese Vielfalt und unendliche Fülle an historischen Gebäuden in ihrer Gesamtheit zu retten. Dafür braucht es die richtigen Investoren und umsetzbare Konzepte für die Orte. Auch die Lage spielt eine nicht unerhebliche Rolle. Einen majestätischen Palazzo mit riesigen Hallen, der jedoch weit abgelegen in den Bergen liegt, wo allein der Weg zum nächsten Supermarkt eine halbe Stunde dauert, ist für die Tourismusbranche unattraktiv. Und die Möglichkeit, als Privatperson so ein herrschaftliches Anwesen zu unterhalten, von den enormen Kosten der Restauration ganz zu schweigen, ist in den meisten Fällen undenkbar. Solche Projekte lassen sich nur in attraktiven Lagen realisieren wie am Comer See, wo Hollywoodstars wie George Clooney residieren.

FEUDALER LANDSITZ in den Hügeln von Lazio vor den Toren Roms. Der einst prachtvolle Etagengarten zeugt vom langen Leerstand.

## VERSTECKTE VILLA

Eine kuriose Melange hat sich dann doch in Mittelitalien aufgetan. Auf einer Anhöhe, umringt von weitläufigen Olivenplantagen und Zypressen, verbirgt sich ein herrschaftliches Anwesen mit der wohl ausgefallensten Innenarchitektur. Die Villa wurde Anfang des 19. Jahrhunderts erbaut und war lange Zeit in Besitz eines lokalen Schriftstellers. Doch nach seinem Tod geriet das Gebäude in Vergessenheit und war viele Dekaden dem Verfall ausgesetzt. Das Dach ist an mehreren Stellen eingestürzt und die Natur bricht sich langsam Bahn, das Gemäuer zu sich zurückzuholen. So verlassen die Szenerie aussehen mag, findet sich hier doch noch Leben. Im linken Flügel der Villa wohnt ein älterer Herr, der sich in dem relativ gut erhaltenen Teil häuslich eingerichtet hat. So unscheinbar das Haus von außen mit seinem Gemäuer auch aussehen mag, finden sich im Inneren reich verzierte Fresken und filigrane Malereien an den Wänden und Decken. Dort sind Weinberge, Vögel und ein römischer Tempel dargestellt. Das Grün der Pflanzen sieht wunderschön aus in Kombination mit den orangefarbenen Wänden und dem blauen Himmel, der durch die ruinöse Decke durchschimmert.

Italien ist wie ein zweites Wohnzimmer, das einem Kraft und Inspiration gibt, und in das man immer wieder aufs Neue gerne zurückkehrt.

WÄHREND DER VORDERE BEREICH des recht unscheinbaren Gebäudes instand gesetzt wurde, scheint der hintere Teil in Vergessenheit geraten zu sein. Alte Fresken und eine dazu farblich passende Vespa stellen eine außergewöhnliche Überraschung dar.

DER STOLZE STADTPALAST in Süditalien überzeugt trotz des Verfalls mit seiner Anmut. Er beherbergt eines der schönsten Treppenhäuser, nicht zuletzt wegen dessen faszinierend schöner Pastellfarben.

*Alle Dinge, die über Maß und Zeit gehen, sind von kurzer Dauer. Es ist besser zu genießen und zu bereuen, als zu bereuen, dass man nicht genossen hat.*

Giovanni Boccaccio

LOST PLACES AM GARDASEE sind eher selten zu finden, vor allem in so exponierter Lage. Die Aussicht vom steilen Felshang muss fantastisch gewesen sein, der Zugang war nur vom Wasser oder durch einen Tunnel im Fels möglich.

HOTEL
ZIMMER AM SEE
STORANTE

HOCH OBEN UND ABGELEGEN an einem Berg in Ligurien war der stolze Balkon mit dem Blick Richtung Mittelmeer der Höhepunkt, vor allem im abendlichen Sonnenschein. WAS WIE EINE BURG WIRKT, ist tatsächlich eine Limonaia, ein Zitronenhaus des landwirtschaftlichen Anwesens. Wohl der nobelste Ort, den man sich für die Aufzucht von Zitronen vorstellen kann. ◁

DIE KLEINE VILLA in der Lombardei versteckte diesen liebevoll gestalteten Raum, der in einen winzigen Stadtgarten mündete.

UMGEBEN VON OLIVENPLANTAGEN gehört die Haupthalle der Villa Bellavista zu den ausgefallensten und schönsten Innenräumen überhaupt. Während diese Hälfte langsam verfällt, ist die andere Hälfte des Gebäudes tatsächlich noch bewohnt.

TIEF VERSTECKT in der apulischen Landschaft gibt es zwischen Olivenhainen immer wieder imposante Höfe zu entdecken.
DAS KLEINE HAUS an der Adria ist eingebettet in eine grandiose Sumpf- und Dünenlandschaft. Der Höhepunkt war die menschenleere Stille. ▷

DIE BURG VON ZAFRA liegt eindrucksvoll auf einer Felsformation der Sierra de Caldereros fernab der Zivilisation. Die letzten zehn Kilometer musste ich über unbefestigte Pisten zurücklegen. ▽▽

# SPANIEN

TIEF VERSCHLUNGEN im Wald befindet sich dieses burgähnliche Gebäude von Galizien im Nordwesten Spaniens.

# JENSEITS DER EINSAMKEIT

Das Land auf der Iberischen Halbinsel ist geprägt von einer großen geografischen und kulturellen Vielfalt und versammelt 17 autonome Regionen. Mit Spanien assoziiert man oft sonniges Wetter und Strandurlaube im Süden des Landes. Trotz der Schönheit der weitläufigen Landschaften und Spaniens historischem Reichtum als große Kolonialmacht sind verlassene Orte von Bedeutung eher eine Seltenheit.

Die Suche nach Lost Places gestaltet sich als schwierig und ist eine echte Herausforderung. Die Distanzen sind weit und die Reisen zeitaufwendig. Ein anderer Grund ist bedauerlicherweise auch hier ein gestiegenes Interesse daran, diese besonderen Orte zu verschandeln und geradezu dem Erdboden gleichzumachen. Vandalismus hat sich zu einem gravierenden Problem entwickelt. Auch die Graffiti-Szene trägt dazu bei und benutzt Lost Places als künstlerische Plattform – was bestimmt nicht im Sinne der Erbauer gewesen wäre.

Die Reise führt in den Norden mit seiner facettenreichen Natur. Durch Katalonien, über die spanischen Pyrenäen, die Navarra, das Baskenland bis nach Galizien ganz im Nordwesten. Allein die 430 Kilometer lange abwechslungsreiche Gebirgskette der Pyrenäen mit Gipfeln von über 3400 Metern macht die Reise wertvoll und ereignisreich. Die angrenzende Region Navarra beeindruckt durch ihre wechselvollen Landschaften. Das Baskenland weiß ebenso zu begeistern. Es grenzt an der nördlichen Seeseite an den Golf von Biskaya und im Süden an das Tiefland mit dem Fluss Ebro, der mit 910 Kilometern der zweitlängste Fluss auf der Iberischen Halbinsel ist.

Die Fülle an charakteristischen Burgen und Schlössern ist im nördlichen Spanien beachtlich. Manche Bauwerke sind erschlossen und gut behütet, andere wiederum sind völlig vergessene Ruinen. Darunter auch verschollene Bergdörfer, die oft sehr abgeschieden liegen. Es sind wahre Oasen der Ruhe mit unvergleichlichen Stimmungen, die oft nur sehr beschwerlich zu erreichen sind. Sie sind nur über ungepflasterte Wege oder zu Fuß zugänglich. Doch die zeitintensive Suche ist aller Mühe wert. Hierhin verirrt sich keine Menschenseele.

## SCHÖNHEIT DER STILLE

Belohnt wird man mit einer unglaublichen Stille, die nur von den zarten Klängen der Natur durchbrochen wird. Auf dem Weg zu diesen besonderen Plätzen fragt man sich, weswegen überhaupt in solch abgelegenen Gegenden Orte entstanden sind. Doch wenn man hoch oben auf dem Plateau steht, ist die Antwort offensichtlich. Es sind Orte der Entschleunigung, fernab der schnelllebigen Gesellschaft. In dieser menschenlosen Schönheit kann man bezaubernde Sonnenuntergänge bei besonders klarer Luft genießen.

## VERSTAUBTES JUWEL

Die spanischen Lost Places können nicht nur durch ihre äußere Pracht überzeugen. Die Gebäude bieten auch spannende Kulissen im Inneren. Es sind wahre Zeitkapseln, die es zu erforschen gilt. Allen voran ein altes Schulgebäude aus dem 19. Jahrhundert. Ein Juwel tut sich auf, denn hier ist ein Klassenraum im Originalzustand zu bestaunen. Mit aus Holz gefertigten Möbeln, wobei die Stühle und Bänke fest im Boden verankert sind. Die glanzvoll gestaltete Innendekoration der Schule zeugt wahrlich von vergessener Pracht, die niemand in einem verschlafenen Örtchen im Mena-Tal zwischen der Biskaya und den Ausläufern der Pyrenäen vermuten würde.

Auf eine andere Weise beeindruckend ist der Industriellenpalast in Katalonien mit seinem majestätischen Treppenhaus aus prachtvollen Arkaden. Auch verlassene Kirchen finden sich unzählige, die in Spanien einen ganz eigenen Stil haben. Anders als in Italien, sind sie mit weniger Fresken verziert und glänzen durch ihren schlichten Stil. Alles Ziele, die die langen Wegstrecken vergessen lassen und dazu einladen, das Land erneut zu bereisen, um sich von der vergessenen Pracht verzaubern zu lassen.

DAS GEISTERDORF in den katalonischen Bergen war die letzten zehn Kilometer nur über holprige Schotterpisten zu erreichen. Endlich am Ziel angekommen, bot sich eine fantastische Aussicht über die Bergwelt im Norden Spaniens. Ich genoss die Atmosphäre, bis die letzten Sonnenstrahlen erloschen. Besonders sehenswert war der Altarbereich im alten Kirchenschiff.

AUF DER DURCHFAHRT in der Region von Kastilien und León stieß ich auf diese verlassene Kirche. Sie wird vermutlich nie wieder aufgebaut, zu groß sind die Schäden. Einzig der in liebevoller Handarbeit gearbeitete Holzaltar hält tapfer dem Verfall stand.

IN EINEM KLEINEN DORF am Fuße der Berge in der Region von Kastilien und León fand ich diese einzigartige Zeitkapsel in Gestalt einer alten Schule, in der von 1901 bis 1969 unterrichtet wurde. Das Gebäude wurde gut behütet. Alle liebevollen Details sind noch zu bestaunen.

DAS MAJESTÄTISCHE TREPPENHAUS war der architektonische Höhepunkt in diesem katalonischen Palast. Gewaltig und umringt von Arkaden auf mehreren Ebenen. Ein Ort, der für immer in Erinnerung bleiben wird, vor allem wegen der künstlerisch verzierten Eingangshalle und des imposanten Aufgangs.

*Meine Reise durch Spanien war viel facettenreicher, als der erste Eindruck vermuten ließ. Gerade meine Streifzüge durch die nördlichen Regionen zogen mich mit ihrer unbändigen Natur sofort in ihren Bann.*

Sven Fennema

DAS SCHLOSS VON BUTRÓN im Baskenland besticht durch seine einmalige Architektur mit unterschiedlich hohen und verwinkelten Türmen und Plattformen. Das mittelalterliche Schloss erhielt sein heutiges Erscheinungsbild Ende des 19. Jahrhunderts.

DER NATURPARK BARDENAS REALES in der Region Navarra offenbart eine bizarre Landschaft. Die Halbwüste besteht aus Lehm, Sandstein und Kalksteinschichten. An einigen Stellen kann man hier auch solche einzigartigen Ruinen finden.
DIE KLEINE KIRCHE mit ihrer besonderen Bauweise liegt in Navarra, hoch oben auf einem Hügel inmitten von landwirtschaftlich genutzten Feldern. ▷

*Wer sich nicht an die Vergangenheit erinnern kann, ist dazu verdammt, sie zu wiederholen.*

George Santayana

IM SÜDEN VON LANZAROTE außerhalb von Playa Blanca ist die große Hotelruine bereits von Weitem zu sehen. In Betrieb ist das geplante Hotel nie gegangen. Die wilde Lavaküste am Atlantik beherbergt an dieser Stelle viele natürliche Pools, die Piscinas Naturales Charcones.

# VERWUNSCHENE SCHÖNHEIT

## Portugals Klosteranlagen

Ein besonderes Augenmerk gilt den Klöstern Portugals. Prachtvolle Zeugen einer vergessenen Zeit. Sie sind überall im Land zu finden und gehören mit zu den ältesten Bauwerken in diesem Band. Ihre Geschichte geht zurück bis ins 16. Jahrhundert. Einige von ihnen wurden im 18. Jahrhundert noch einmal grundlegend umgebaut. Viele der Klöster sind bereits seit mehreren Dekaden verlassen. Die abgelegene und oft schwer erreichbare Lage hat die Gebäude glücklicherweise vor Vandalismus verschont. So konnte die Natur ungehindert ihre unbändige Kraft entfalten, sie nach ihren Launen neu zu gestalten. Wunderschöne Gebilde aus Architektur und Natur sind entstanden. Wie ein Garten Eden sind sie Oasen der Stille. Nur vereinzelt blitzen noch farbenprächtige Fassaden durch. Die Wege, um diese einzigartigen Gebäude zu erreichen, sind lang. Oft führen sie zu Fuß über verwilderte Pfade oder einen Berg hinauf. Doch der zeitaufwendige und beschwerliche Marsch wird belohnt mit einer unglaublichen Atmosphäre der Stille und Schönheit. Die Hektik der Zivilisation ist hier weit entfernt und man kann nur erahnen, wie sich wohl die ersten Siedler und Geistlichen gefühlt haben müssen. Es muss ein einfaches, sicherlich oft hartes, aber glückliches Leben gewesen sein.

DAS KLOSTER im Südosten Portugals liegt weit abgelegen in den Wäldern.
Die Natur formte die ruinösen Innenhöfe auf märchenhafte Weise.

WEITLÄUFIGE KLOSTERANLAGEN prägen den Nordosten des Landes. Die Natur hat im Laufe der Zeit viele Klöster verschlungen. Doch obschon die Flora die Oberhand hat, blitzen immer noch viele architektonische Details hervor.

WEITRÄUMIGES WEINGUT in der Landesmitte. Selbst im Februar hängen die Bäume voller Mandarinen. ▽▽

# PORTUGAL

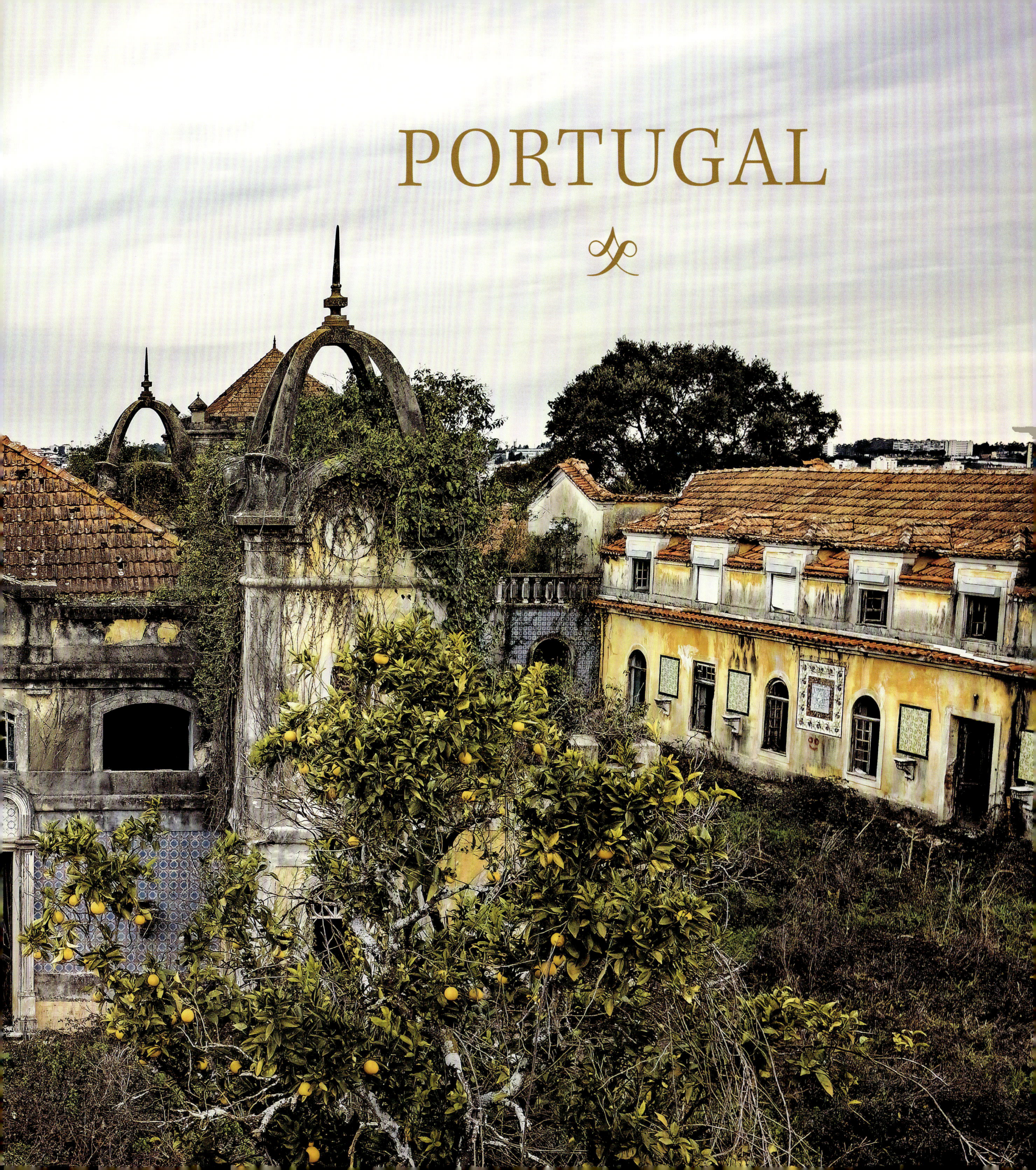

DAS NEOROMANTISCHE SCHLOSS DON CHICA im Norden wurde Anfang des 20. Jahrhunderts erbaut und wartet auf einen neuen Besitzer.

# MAGIE DER EINFACHHEIT

Das südeuropäische Land auf der Iberischen Halbinsel grenzt an Spanien und wurde kulturell von seiner besonderen Lage am Atlantischen Ozean geprägt. Die Strände an der Algarve und Lissabon mit seiner altmodischen Schönheit sind ein beliebtes Reiseziel. Ein Großteil der Architektur stammt aus dem 16. bis 19. Jahrhundert, als das einstige Königreich Portugal auf den Weltmeeren eine bedeutende Rolle spielte.

Das Land und die Menschen ziehen den Reisenden mit ihrer authentischen Gelassenheit sofort in ihren Bann. In den meisten Teilen des Landes herrscht eine Idylle, die für Entschleunigung sorgt. Das Land hat es nicht nötig, sich auf Hochglanz herauszuputzen, es besticht durch seinen authentischen Stil.

## ANMUT UND GEFAHR

Die Schönheit kommt von innen heraus und trifft vor allem auf die Architektur zu. Hinter unscheinbaren Fassaden verstecken sich fantastisch gestaltete Innenräume mit oft grandiosen Stuckarbeiten. Doch bei der Begehung dieser Lost Places ist Vorsicht geboten, denn viele dieser Bauwerke haben Etagen mit morschen Holzböden. Einsturzgefahr droht. Ein beklagenswerter Zustand, wenn man sich bewusst macht, welche einzigartigen Räume vermutlich für immer verloren sind.

Ein wahrlich einzigartiges Detail in der Architektur Portugals sind die Azulejos. Diese meist blau-weißen, manchmal auch bunten Keramikfliesen sind stilprägend für Portugal und oft in historischen Gebäuden anzutreffen. Manchmal sind sie als wunderschönes Mosaik gefertigt und verzieren ganze Fassaden. Nicht selten erzählen sie in den zusammengesetzten Fliesenspiegeln auf Bildern Geschichten ähnlich wie bei italienischen Fresken.

Der Weinanbau ist ein nicht unerheblicher Wirtschaftsfaktor und hat viel mehr zu bieten als den berühmten Portwein. Die Reise führt nicht selten durch Landstriche mit ihren Quintas, den traditionellen Weinlandgütern. Viele verlassene Quintas erstrecken sich von Nord bis Süd. Mal sind sie fast versteckt und schlicht, mal weitläufig und faszinieren mit ihrer majestätischen Bauweise. Hier wachsen in den alten Gärten der verlassenen Quintas nicht selten ertragreiche Mandarinen- und Limettenbäume.

## FRIEDHOF DER ANKER

Die Reise endet an einem ganz besonderen Ort an der südlichen Atlantikküste. Der Friedhof der Anker wurde an einem abgelegenen Strand zu Ehren des einstigen Fischerorts und der großen Tradition des Fischfangs nahe der kleinen Küstenstadt Tavira angelegt. Heutzutage stehen dort nur noch vereinzelte Angler am ansonsten leeren Strand. Ein Genuss am Ende der langen Reise in der Dämmerung dem Rauschen des Meeres zu lauschen, bevor der Weg zurück in die Zivilisation angetreten wird.

*Die Lost Places in Portugal sehen äußerlich eher unscheinbar aus, doch nicht selten begeistern sie in den Innenräumen mit atemberaubenden Stuckarbeiten und filigranen Details.*

Sven Fennema

DIE EINGANGSHALLE des alten Weinguts ist mit seiner innenarchitektonischen Pracht ein visuelles Meisterwerk.

EINE FASZINIERENDE ZEITKAPSEL im Herzen Portugals. Gut versteckt verbergen sich hinter der schlichten Fassade des Landgutes auf mehreren Etagen fantastische Stuckarbeiten und ein edles zweifarbiges Parkett. Doch auch hier macht der Verfall nicht halt, während der wilde Garten gefüllt ist mit Früchten, die nicht mehr geerntet werden.

ENTLANG DER KÜSTENSTRASSE südlich von Porto findet man immer wieder eindrucksvolle Anwesen vergangener Pracht.

IN EINEM KLEINEN DORF im Südosten des Landes fand ich diese stattliche Kirche gegenüber einem Mausoleum und Weingut, das ebenso verlassen erschien.

*Portugal ist ein faszinierendes Land voller Überraschungen, Herzlichkeit und einer beneidenswerten Entspanntheit fernab der modernen Schnelllebigkeit.*

Sven Fennema

EIN KLEINES WEINGUT hoch im Norden kurz vor der galizischen Grenze wirkt selbst heute noch nobel. Doch der Schein trügt, denn der Verfall zersetzt die Holzböden und die Bausubstanz immer mehr.

PORTUGAL VISITANDO AMERICA
OUTONO

DER ANKERFRIEDHOF an der Südküste bei Tavira gedenkt mit über 200 Ankern seit 60 Jahren der einst blühenden Fischerei. Begleitet vom wilden Atlantik war es nicht nur das Ende meiner Reise, sondern auch einer der atmosphärischen Höhepunkte.
AN DER NORDKÜSTE MADEIRAS liegen die Ruinen von São Jorge. Sie sind Überbleibsel einer steinernen Mühle, an einem einsamen Steinstrand. Friede und Einsamkeit in Perfektion. ▷

## DIE AUTOREN

**SVEN FENNEMA** nimmt seit 2009 an nationalen und internationalen Ausstellungen teil. Viele Reisen führen ihn seit über 15 Jahren zu verlassenen Orten in ganz Europa und darüber hinaus. Seine erfolgreichen Bildbände und Kunstprojekte widmen sich der Lost-Places-Fotografie vom Boden und aus der Luft. Seine Werke sind geprägt durch die intensive Auseinandersetzung mit den Orten, ihrer Geschichte und im Kontext ihrer Umgebung, vor allem auch durch die ausschließliche Arbeit mit den atmosphärischen und natürlichen Lichtsituationen.

**BJÖRN EENBOOM** hat als Journalist und Autor bereits für zahlreiche renommierte Magazine und Zeitungen geschrieben, darunter »Galore – Das Interview-Magazin« und die »Frankfurter Rundschau«. Für das kulturpolitische Magazin »Cicero« zeichnet er für die beliebte Rubrik »Die letzten 24 Stunden« seit vielen Jahren die Gedanken von prominenten Zeitgenossen zu ihrem persönlichen Verhältnis zum Tod auf. Als Buchautor wirkte er an mehreren Bildbänden mit und ist im Besonderen fasziniert von den Bilderwelten der Lost-Places-Fotografie.

## IMPRESSUM

Verantwortlich: Susanne Then
Lektorat: Björn Eenboom
Satz und Layout: VerlagsService Gaby Herbrecht
Korrektorat: Christiane Gsänger
Umschlaggestaltung: Mathias Frisch
Repro: Ludwig:media
Herstellung: Bettina Schippel
Printed in Turkey by Elma Basim

★ ★ ★ ★ ★

**Sind Sie mit diesem Titel zufrieden? Dann würden wir uns über Ihre Weiterempfehlung freuen.**

Erzählen Sie es im Freundeskreis, berichten Sie Ihrem Buchhändler oder bewerten Sie bei Onlinekauf. Und wenn Sie Kritik, Korrekturen, Aktualisierungen haben, freuen wir uns über Ihre Nachricht an Frederking & Thaler Verlag, Postfach 40 02 09, D-80702 München oder per E-Mail an lektorat@verlagshaus.de.

Unser komplettes Buchprogramm finden Sie unter

www.frederking-thaler.de



In diesem Buch wird aus Gründen der besseren Lesbarkeit das generische Maskulinum verwendet. Weibliche und anderweitige Geschlechteridentitäten werden dabei ausdrücklich mitgemeint, soweit es für die Aussage erforderlich ist.

Bildnachweis
Alle Fotos stammen von Sven Fennema

Umschlagvorderseite: Der Bahnhof von Nowy Afon mit direktem Blick auf das Schwarze Meer – einer der prunkvollsten Bahnhöfe Abchasiens
Umschlagrückseite: Morgenstimmung über einem verfallenen Schloss in Polen

S. 1: Die Villa aus dem 17. Jahrhundert liegt vor den Toren Turins schon seit vielen Jahren im Dornröschenschlaf.
S. 2/3: Erst aus der Vogelperspektive zeigt sich die einzigartig erhabene Lage dieser Villa in den Marken in Italien.
S. 4/5: Im letzten Abendrot entdeckte ich bei der Fahrt durch einsame Felder der Ländereien um Parma diese große Villa im Nirgendwo.
S. 6: Entlang der Alpenausläufer im Piemont befinden sich zahlreiche verlassene prunkvolle Villen, besonders geprägt durch die einst bedeutende Textil- und Papierindustrie.

Die Deutsche Nationalbibliothek verzeichnet diese Publikation in der Deutschen Nationalbibliografie; detaillierte bibliografische Angaben sind im Internet über http://dnb.d-nb.de abrufbar.


Infanteriestraße 11a
80797 München

ISBN 978-3-95416-331-1